시크릿 유머

시크릿 유머

엮은 이 · 서덕원
펴낸 이 · 임종대
펴낸 곳 · 미래문화사

초판 1쇄 인쇄 · 2009년 8월 12일
초판 1쇄 발행 · 2009년 8월 18일
2쇄 발행 · 2009년 9월 28일

등록 번호 · 제3-44호
등록 일자 · 1976년 10월 19일
주소 · 서울시 용산구 효창동 5-421 1F
전화 · 715-4507 / 713-6647
팩시밀리 · 713-4805

E-mail: mirae715@hanmail.net
홈페이지: www.miraepub.co.kr

ISBN 978-89-7299-371-1 03810

Secret Humor
시크릿 유머

서덕원 엮음

미래문화사

웃음으로 어려움을 극복하시기를

웃음은 인간만이 누릴 수 있는 특권이다. 때문에 미안하지만 개. 돼지. 닭 등 다른 동물들은 그런 즐거움을 누릴 수 없다. 고로 인간은 축복받은 동물이다.

어린아이의 천진난만하고 맑은 웃음을 보노라면 타고난 성격이 아무리 무뚝뚝하고, 심성이 경직된 사람일지라도 그 순간만큼은 마음에 평화를 느끼게 된다.

어느 리서치 통계에 의하면 아이들은 하루에 3백에서 4백여 번을 웃는데 점점 나이를 먹어 어른이 되면 하루에 겨우 5번에서 6번 정도로 줄어든다고 한다. 경제불황이나 명퇴, 실직. 그로 인한 가정의 불화, 자녀의 제반 문제 등이 마음의 여유를 빼앗아 가기 때문일 것이다.

하지만 그럴수록 웃음을 잃지 않는 마음의 여유를 찾아야 한다. 그러기 위해서는 보다 긍정적이고 적극적인 자세로, 무슨 일이든지 하면 이룰 수 있다는 가능성에 최면을 걸어가며, 노력해야 한다. 그러면 어두운 터널도 쉽게 벗어날 수 있다.

웃음은 어느 모로 보아도 좋은 것이다.

따뜻한 햇볕이 차가운 얼음을 녹이듯, 힘들고 절망적인 상황도 안정과 평온으로 바꾸어 준다.

하지만 장소 불문하고 아무 때나 히죽거리며 웃는 것은 팔푼이이거나 주관이 없는 사람으로 오해 받을 수 있다. 그러니 평소에 웃음을 품위 있게 쏟아내는 방법도 연구해 둘 필요가 있다.

유머는 그 효용가치 또한 높다.

상대를 설득할 때 멋없이 뻣뻣하게 내뱉는 말투보다 한마디의 세련된 유머를 곁들인다면 상대의 마음을 곧바로 내게로 끌어들일 수 있다. 이것이 유머의 마력이다.

슬기로운 우리 선조들은 웃음이 무엇인지를 일로일로일소일소 一怒一老 一笑一少 라는 말로 잘 설명해 주었다.

이번에 필자가 30여 년 가까이 서당을 운영해오며 틈틈이 자료를 수집, 패러디한 유머의 일부를 여러 독자님들과 함께 읽을 수 있게 되어 더할 수 없는 영광으로 생각한다. 모쪼록 이 책을 선택해 주신 독자님들께서 웃음을 찾는 데 나의 노력이 작으나마 보탬이 되기를 간구하며, 독자님 가정에 사랑과 평화가 충만하기를 빈다.

끝으로 나의 미미한 작업을 눈여겨 보고 흔쾌히 책으로 엮어서 독자 여러분과 만날 수 있게 다리를 놓아주신 미래문화사 임종대 대표님, 그리고 늘 아낌없는 성원과 서포트를 해주는 나의 아내 박찬경에게 깊은 감사의 말씀을 드린다.

2009년 8월 1일

능운凌雲 서덕원徐德源 드림

차례

제1부 신사가 즐기는 유머

제2부 zolla 웃기는 유머 

제3부 공자를 웃긴 유머

제4부 이불 속에서 읽는 유머 

제1부

신사가 즐기는 유머

첫사랑

아내가 남편에게 묻는다.

"자기, 솔직히 말해! 결혼하기 전에 사귀던 여자 있었어?"

"응~."

"많이 사랑했어? 뽀뽀도 하고……?"

"그럼~."

야마가 돈 아내.

"지금도 그 여자 사랑해?

"그럼~ 첫사랑인데……."

완전히 열이 오른 아내가, 소리를 빽! 지른다.

"그럼, 그년하고 결혼하지 그랬어?"

"그래서 지금 그년하고 살잖아~~~ ㅋㅋ."

정조대

옛날 중세기 유럽의 어느 동네에 카라칼라라는 장군이 살았는데… 남 부러울 것이 없는 그에게는 딱 한가지 고민거리가 있었다. 다름이 아니라 아내 아그네스가 너무너무 색기色氣가 넘쳐서 어찌나 밝혀대는지, 남편이 사냥이라도 떠나 며칠 자리를 비우게 되면 지나가는 가지장수라도 불러 들이고, 그것도 안되면 요강뚜껑이라도 올라 타야 직성이 풀리는 천하의 색녀였기 때문이었다. 하여, 고심 끝에 발명해낸 것이 정조대였다.

카라칼라는 코피를 쏟아가며 정조대를 만들어 출정하게 되자 그것을 아내에게 정조대를 설치(?)해주고 전쟁터로 나갔다. 그리고 몇 달만에 개선을 했는데…….

그동안 참았던 객고를 풀어볼 마음에 도착 즉시 아내 아그네스의 옷을 홀랑 벗기고 채워져 있는 정조대를 벗기려고 열쇠를 찾았으나 아뿔싸! 전쟁터에서 이리저리 뛰는 통에 정조대 열쇠를 그만 잃어버린 거였다.

허둥지둥 이리저리 앉았다 섰다 만졌다 놓았다 도리도리…. 안절부절…… 으~! 돌아 버리겄네.

그때까지 시치미를 뚝! 떼고 있던 아그네스는 남편이 돌기 직전에야 말했다.

"여보~! 침대 밑에도 하나, 서랍 속에도 하나, 촛대 밑에도 하나, 그리고도 여기저기 많으니 찾기 쉬운 곳에서 꺼내세요."

오, 가엾은 우리의 카라칼라 장군이여! ♨♨♨

풍월한수

人心

路遙知馬力 日久見人心 노요지마력 일구견인심

길이 멀어야 말의 힘을 알 수 있고,

세월이 오래 흘러야 사람의 진실된 깊은 마음을 알 수 있다.

기차 여행과 백포도주

남자에 대해선 전혀 꽝인 젊은 수녀님 신나라와 늙은 수녀님 전모주가 모처럼 기차 여행을 가게 되었다. 하여 서로 창쪽으로 마주 보고 앉았는데….

다음 역에서 홍국이와 불암이 옆 자리에 앉게 되었다.

그 중 홍국은 몹시 술에 취해 앞쪽 의자에 다리를 처~억 걸치고선 잠이 들었고, 좀 점잖아 보이는 불암은 신문을 보고 있었다.

그렇게 한참을 가다 늙은 수녀님은 소변이 급해졌지만 술이 떡이 된 홍국이가 길을 막은 채 잠들어 있었기 때문에 차마 넘어 가지 못하고 아멘! 아멘! 아멘! 만을 연신 외치다가 그만 앉아서 실수를 해버렸다.

급기야 오줌은 강물이 되어 도도히 흘러 내리고, 옆자리의 불암이 곁눈질로 쳐다 보자 늙은 수녀님은 안절부절 어찌 할 바를 몰라 하는데 젊은 수녀님이 재빨리 변명을 해주었다.

"우리 노수녀님이 지루한 여행을 즐겁게 하기 위해 백포도주를 싸 오셨는데 실수로 그만 엎지르고 말았네요. 아이~ 아까워라, 어쩜 좋지!"

대충 그렇게 사태 수습을 하고 한참을 가는데, 이번엔 술 취한 홍국이가 부시시~ 일어나 화장실을 다녀 와서는 아까와 똑같은 자세로 다시 잠을 자는 것이었다. 그런데 홍국이가 그만 지퍼를 올리지 않았으니….

젊은 수녀님이 무심코 시선을 돌리다가 홍국이의 다리 사이에 웬 거무티티하고 푸르딩딩하게 생긴 가죽덩어리 하나가 삐죽 허니~ 고개를 내밀고는 힘 없이 고개를 떨구고 있는 걸 보게 되었다.

깊은 산속에만 있어 남자에 대해서는 전혀 아는 바가 없어 쑥맥인 젊은 수녀님은 깊은 고민에 빠졌다.

'도대체 저게 뭘까? 혹시! 다리? 아냐 생긴 게 어쩜 거북이 대가리 같기도 하고! 음!..... 남자들은 참 신기하게도 생겼구나. 다리가 세 개인 것도 그렇고, 감추고 다니는 것도 이상하고…….'

궁금함을 참지 못한 젊은 수녀님은 결국 신문을 읽고 있는 불암에게 물었다.

"저기요~~~! 저어, 한가지 궁금한 게 있는데요. 저 남자분 다리 사이에 삐져 나와 있는 저것이 대체 어디에 쓰는 무슨 물건인가요?"

그러자 불암이 점잖게말했다.

"파~ 그건 백포도주병 마개입니다."

아내의 실망

남편이 잠을 자다가 목이 말라 일어났다. 부스럭 소리에 깬 아내가 하는 말.

"지금 할라꼬?"

힐끗 쳐다보곤 아무 말없이 불을 켜니 요상한 눈빛으로 하는 말.

"불 켜고 할라꼬?"

머리맡에 둔 안경을 찾아 쓰니 머리를 갸웃거리며 하는 말.

"안경 쓰고 할라꼬?"

어이가 없어 문을 열고 나가니 눈을 반짝거리며 하는 말.

"밖에 나가 소파에서 할라꼬?"

못 들은 척 부엌으로 가 냉장고를 열고 물을 꺼내 마시니 침을 꼴깍 삼키며 하는 말.

"물 먹꼬 할라꼬? 나도 좀 다고. 목 타네!"

한컵 가득 주고 도로 들어와 잠을 청하려 하니 실망한 눈으로 쳐다보며 하는 말.

"낼 할라꼬? 에이 젬병이네."

일본사람들 성씨의 유래

지구상에서 가장 많은 성씨를 가진 나라 중 일본을 빼 놓을 수 없다. 그런데 그 많은 성씨들이 어떤 연유로 맹그러졌는지를 알면 꽤 흥미로울 것이다.

지금으로부터 쬐끔 오래 전, 四無羅耳시대 刀凹土未 喜大凹市(도요토미 히데요시)막부가 천하 통일을 하는 과정에서 닌자 거북이와의 오랜 내전으로 남자들의 씨가 말라 애 맹글 수 있는 남자의 수가 냉수에 (?) 줄 듯하자 할 수 없이 긴급조치 1호를 발령하고 모든 여자들에게 외출시엔 항상 등에 오비(유사시 바닥에 깔기 위해)를 두르고, 아랫도리 내복은 절대 입지 말고 다니다 길에서건 숲 속에서건 아무데서나 남자를 만나면 일단 애 만드는 일에 착수하게 했다.

여기서부터 己母奴의 유래가 시작됐는데 우리가 명절에 한복을 차려 입듯 그들도 기모노를 자주 입는다. 기모노를 입을 때는 절대 팬티를 입지 않는 노팬티 습관이 아직도 전해진다고 하는데.., 운 좋게 전쟁터에서 살아 돌아온 남자들은 그런 긴급조치 발령 덕분으로 아무 여자고 맘에 들면 다 차지할 수 있는 행운이 주어졌다.

그 결과 애쉑이가 태어나도 애비가 누군지를 몰라 이름을 지을 때 궁여지책으로 애 만들던 장소를 가지고 작명을 하였것다. 그런 관계로 묘한 성들이 속출했다.

예를 들면 나무 밑에서 애를 만들었으면 木下(기노시다), 소나무 밑에서 만들었으면 松下(마쓰시다), 나무가 빽빽한 숲속 덤불 밑이면 森下(모리시다), 산 밑에서 만들었다고 山下(야마시다), 깊은 산속에서 만난 놈의 씨면 山本(야마모도), 대나무밭에서 작업을 해서 맹글었으면 竹田(다께다), 남의 밭에 몰래 들어가 만들었으면 田中(다나까), 가마솥에 불을 때다 씨를 받아 낳았다고 釜本(가마모도), 큰 대나무 밑에서 만들어서 大竹(오다께), 소나무 아래서 받은 씨는 松本(마쓰모도), 큰 밭에서 맹글어서 太田(오다), 작은 숲 속에서 맹글었다고 小林(고바야시), 동네 샘터에서 빨래하다 맹길어서 村井(무라이), 마을 한 복판에서 당했다고 中村(나까무라), 만든 곳이 산인지 들판인지 기억이 통 안나고 헷갈려서 山野(야마노), 애 맹기는 작업을 끝내고 일어나는데 핑~ 돌아 고개를 들어 보니 저쪽에 개천 하나가 보였다고 川邊(가와나베), 더운 여름 날 개천에서 멱감다가 만들었다고 中川(나까가와), 몽둥이로 멧돼지 때려 잡았다고 猪木(이노끼), 보리밭에서 보리베다 맹글면 麥田(무기다), 동네 뒷산 느티나무 아래서 맹글어서 木村(기무라), 밭옆에서 어떤 놈에게 당했다고 前田(마에다), 밭에서 일 벌이다가 돈 주웠다고 金田(가네다), 애 맹글고 산비탈 내려오다 자빠졌다고 坂田(사까다), 돌밭에서 만들어서 石田(이시다), 옛날에 애비가 떡메질한 것 같아서 木餅(기모찌), 높은 산에 올라 나무 그늘에서 쉬는데 웬놈이 덮쳐서 맹글어졌다 하여 高木(다까끼), 등등…….

근데 일본인 성에 유독 山자나 田자가 많은 이유는 논(畓)에는 물이 고여 있어 작업 들어가기가 매우 어려워 주로 산이나 밭에서 애를 맹글었기 때문이라고 한다.

(물론 믿거나 말거나)

풍월한수

學而時習之

學而時習之不亦說乎 학이시습지 불역열호

有朋自遠方來不亦樂乎 유붕자원방래 불역락호

人不知而不慍不亦君子乎 인부지이불온 불역군자호

선왕의 도道 시詩 서書 예禮 악樂을 배워 때로 익히면 또한 기쁘지 아니한가.

벗이 있어 먼곳으로부터 찾아 오면 또한 즐겁지 아니한가.

남이 나의 재능을 알아 주지 않는다 하더라도 노여움을 품지 아니한다면 이 또한 군자가 아니겠는가.

신비한 약

외박을 한 딸이 집에 돌아오자 엄마는 딸에게 거짓말을 할 때마다 꽥! 소리가 나는 약을 먹인 후 심문을 시작했다.

"너! 바른대로 말해!! 간밤에 어디서 잤냐?"

"친구집……꽥!"

"그래, 이젠 거짓말까지……너 남자랑 잤지?"

"이번이 처음..... 꽥!"

"세상에 어쩜 그럴 수가 있니? 이 엄만 너만 할 땐 안그랬……꽥! 꽥! 꽥! 꽥! 꽥!"

체험적 지혜

百聞이 不如一見이요 百見이 不如一行이라.

Sex는 백 번 듣는 것이 한 번 보는 것만 못하고,

백 번 보는 것이 한 번 직접 행하는 것만 못하니라.

百바는不如一뽀요, 百뽀는不如一섹이라.

마누라의 백 번 바가지 소리를 막는데는 한 번의 뽀뽀 만한 것이 없고, 백번의 뽀뽀는 한번의 쇅스만 못하니라.

百說이 不如一打라, 마누라에게 말을 해도 안 들어 줄 때는 백번 말하느니 한번 패는 것이 낫고, 百고가 不如一부라, 고고 백번 흔드는 것보다 부르스 한번 땡기는 것이 낫느리라.

百習이 不如一필이라, 연습장 백 번 가는 것이 필드 한 번 서는 것만 못하고, 百訓이不如一戰이라, 훈련 백 날 하는 것보다 전투 한 번 하는 것이 더 화끈하느니라.

그리고 百go가不如一섯이라, 고 스톱 백번 치는 것보다 섯다 한번 치는 것만 못하느니라.

재혼 남녀

한 여자가 남편과 사별한 지 몇 달도 안되어 재혼했다.

그런데 새 남편과 의견 충돌이 잦아 곧잘 싸웠다.

그 날도 심하게 다투다가 새 남편이 비아냥거렸다.

"당신은 정숙하질 못해. 하기야 정숙했다면 전 남편과 사별한 지 불과 몇달 되지 않아서 재혼할 턱이 없지."

그러자 여자의 화살.

"그래요! 그래서 이번에 과부가 되면 좀 더 오래 기다리려고 해요. 됐어요?"

애주가의 일주일

일요일= 일어나자마자 마시고.

월요일= 월래 마시는 날이라 마시고.

화요일= 화끈하게 마시고.

수요일= 수없이 마시고.

목요일= 목터지게 마시고.

금요일= 금방 마시고 또 마시고.

토요일= 토하도록 마신다.

술은 온 인류의 적! 빨리 마셔 없애자!

서당 문답

필자의 서당에는 명물들이 꽤 있다. 어느날 한 녀석이 선생님~ 하고 부른다.

"왜 그러느냐?"

"이 문제 좀 풀어 보세요~. 놀부가 마루 위에서 잠을 잡니다. 그 밑에 개도 잡니다. 이 말을 일곱 자로 줄여보세요."

"어려워서 나는 못 하겠구나. 네가 한 번 해보렴!"

"에헤! 선생님이 그것도 못해요? 놀부 자지, 개 자지."

"떼끼 놈!"

풍월한수

月風

月無足而步天 風無手而搖樹 월무족이보천 풍무수이요수

달은 발이 없어도 하늘을 걸어가고, 바람은 손이 없어도 나무를 흔든다.

퇴계와 율곡의 방사房事

퇴계退溪와 율곡栗谷은 조선시대의 거물 학자였다.

율곡의 제자 중에 장난을 좋아 하는 놈 몇이 끼가 발동했다.

"선생님은 높은 도학자이신데 방사는 어떻게 하실까?"

그래서 그날 밤 선생댁 담을 넘어 들어가서 안방 뒷문에 숨어 선생 내외의 동태를 엿보는데, 밤이 깊자 선생 내외분이 이불 속으로 들어 가더니 방사를 시작하는데 그 태도가 너무나 정중하고 은근하며 조용하였다.

제자들은 모두 선생의 높으신 덕에 다시 한번 감탄하였다.

다음 날, 퇴계 선생의 제자들을 만나 자기네 선생은 방사를 할 때 아주 점잖고 조용하게 한다고 자랑하였다.

그러자 자기 네 선생이 율곡 선생에 비하여 덜 점잖을 리가 없다고 믿는 퇴계의 제자들도 그날 밤 자기네 선생의 집으로 가서 확인을 했다. 그런데 조용히 행사한다는 율곡 선생과는 달리 너무나 딴판으로 서로 껴안고 천지를 흔들 듯 요란스레 방사를 벌이는 것이었다.

두 선생의 제자들은 누가 옳고 그른지 따졌으나 결론을 얻지 못하여 퇴계를 찾아가 그 경위를 설명하고 두 분 중에 누가 옳은지를 물었다.

그러자 퇴계가 빙그레 웃으며 말했다.

"율곡은 그 후손이 없을진저……."

"왜! 그런지요?"

"남녀간의 교접이란 천지에 비가 오는 것과 같은 것이니라. 비가 오려면 바람이 불고 번개와 우레가 곁들기 마련이다. 그래야 초목과 오곡이 모두 성하는 법이니라. 만일 풍운이 일지 않고 뇌성 벽력이 없으면 어찌 비가 올 것이며, 비가 오지 않는데 어찌 곡식이 잘 자라겠느냐? 이치가 이러하니 율곡은 뒤(후손)가 없을 것이니라."

과연 율곡은 자손이 없었다.

현재 퇴계 이황(1501~1570)은 1,000원 권, 율곡 이이(1538~1584)는 5,000원 권의 전속 모델로 활동하고 있다.

P.임

70년대 초까지만 해도 먹고 살기는 거시기하게 빡빡하고 해만 떨어졌다 하면 딱히 할 일도 마땅찮아 일찌감치 샷다문 내리고는 호롱불 끄고 잠자리에 드는 것이 공식 코스였다. 그런데 인류 역사 5천 년을 두고 어둠 속에서 두 눈 감고도 완벽하게 해낼 수 있는 예술 활동이 딱 한 가지 있었으니…….

그 땜시 늘어 나는 건 입성이요, 동지섣달 설한풍에 홑바지 입은 홀애비 朋R 맹키로 점점 오그라 드는 건 집안 살림이었다. 당시엔 그저 힘 닿는 데까지 주야로 맹기러 쑥쑥 낳는 것만이 민족 중흥의 역사적 사명으로 RGO, 지놈 먹을 건 지놈이 가지고 태어난다는 전혀 근거 없는 논리에 따라 한 집에 많게는 열두세 명씩, 축구팀 하나 짜는 것은 식은죽 먹기로 생산해 냈다.

그러자 1년 정도는 쉽게 내다 본다는 미래학자들의 연구논문에 의거, 통계청이 인구조사를 한 결과 헉! 이대로 쭈~욱 나가면 일년에 팔십만 명씩 늘고, 머지않아 우리나라의 인구가 물경 6억을 돌파하게 된다는 계산이 나왔다.

헐~! 도저히 않되겠다 싶은 정부에서는 범국민적 인구 억제 정책으로 딸 아들 구별 말고 둘만 낳아 잘 기르자, 또는 잘 키운 딸 하나 열 아들 안 부럽다 등의 표어를 내걸고 국민 꼬시기 작전에 들어갔다.

그런데, 밤 시간이 너무 길었던 탓에 그 정책이 별 효과를 거두지 못하자 급기야 잠자는 시간을 반으로 줄이는 데는 스포츠 만한 것이 없다면서 그 때부터 본격적인 새마을 운동이 전국적으로 거ᄐ하게 시작됐다.

그 세부 종목들을 살펴보면 지붕개량, 전래 변소 고치기, 농로 경운기 편도 8차선으로 확장, 가마니짜기와 짚신삼기 외에 2~30대 가임 부부는 물론, 할망구 (할만큼 해서 다 망가지고 구겨진 여자)와 할배(할만큼 했어도 늘 뱃(腹)놀이를 하고 싶은 남자) 까지 총망라해서 대대적인 P.임 운동이 시작됐다.

하지만 초창기의 P.임 운동은 몽매한 주민들에게 별 효과가 없었다. 계몽은 주로 지역 보건소의 젊은 여직원들이 가정을 직접 방문하여 P.임 기구를 나눠주며 사용법을 알려주는 것이 고작이었다. 그런데 웃지 못할 일들이 벌어졌다.

계몽 나온 보건소 여직원은 무지한 시골 사람들에게 여지껏 大可里 털 나고 한번 보도 듣도 못한 콘돔이라는 풍선을 꺼내 보이며, 그것도 젊은 애숭이

아가씨가 능구렁이 같은 주민을 상대로 사용법을 말하기란 보통 난처한 일이 아니었다. 폐쇄된 성문화로 처녀가 길바닥에 기어가는 거북이 大可里만 봐도 얼굴 뜨거워했던 그런시절, 페니스 모형물 하나 확보하지 못했던 애숭이 여직원은 하는 수 없이 자신의 손가락 두 개를 꼬나 들고 그 위에 콘돔을 푹~ 씌워 보이며 이렇게 해서 저렇게 쓰면 100% P.임 성공이라며 대충 얼버무리고 무안한 얼굴로 쑥쓰럽게 돌아갔다. 그리고 6개월 후, 마을을 다시 찾은 보건소 직원들은 전보다도 임신율이 더 높아진 것에 너무 놀랐다. 그래서 이장이 그 원인을 파악해본 결과 동네 남정네들은 자신이 보고 들은 녹화 테이프를 마누라에게 리얼하게 돌려주며 어쩌구 저쩌구 @#$%·&* 콩팔이 새삼륙(0 8 2 4 3 6)을 씨부리며,

"여보~ 마누라! 이렇게만 하면 없는 우리 살림에 식구 늘 걱정은 없다는구먼 그랴~♬"

그러면서 손가락에 콘돔을 씌우고는 밤마다 어기엉차~ 어기엉차~ 뱃놀이~ 가~잔다~!♪♬ 마누라를 향해 융단폭격으로 힘자랑을 해댔으니 이를 우짤꼬! 그러던 것이 지금은 출산장려를 위해 많이 생산해내는 유능한 부부에게는 돈도 주고, 휴가도 주고, 기술까지 가르쳐 준다하니, 오호! 격세지감이 유감이로다.

구멍난 장화

여포가 산부인과 의사인 동탁에게 다급히 전화를 걸었다.

동탁: 웬일야? 이 시간에……!

여포: 아! 글쎄! 큰일 났네! 아들놈 장난으로 우리집 삼월(하녀)이가 임신을 했지 뭔가!

동탁: 아니! 자네 아들 쥐포는 지금 초등 1학년 아닌가? 그런데 걔가 삼월이를 건드렸단 말야?

여포: 그게 아니고 내가 사용하는 콘돔에다 그 놈이 몰래 구멍을 뚫어 놨지 뭐야! 난 그것도 모르고 써 먹었고…….

동탁: 글면 글치, 일곱 살 먹은 놈이 무신 신기神技로 역사책을 써?

파자점 破字占(글자를 풀어서 치는 점)

청년 이성계가 무예를 닦느라 전국 각지를 떠돌아 다니던 중에 우연히 파자점을 치는 스님을 만났다. 그곳에는 이미 먼저 온 손님이 있었다.

스님이 그 손님에게 평소 마음에 품었던 글자를 쓰라고 하자 손님은 주저 없이 문問자를 써 보였다. 스님은 이리저리 살펴 보고는 한숨을 쉬며 안타깝다는 듯이 말했다.

"음 .... 평생 신수가 아주 고약 하군 그래, 당신은 거지 신세를 면하기가 어렵겠소."

손님은 옷도 깨끗하게 입었고 생김새도 장부다워 어디로 보나 거지 같지 않은데 거지 팔자라고 한마디로 단정해 버리는 것이었다.

"스님! 제가 어째서 거지팔자입니까?"

"물을 문問자는 입(口)이 門 안에 매달려 있어 그 생김새가 남의 집 대문에서 구걸하는 모습이니 거지가 아니고 뭐란 말인가?

"스님은 과연 짱이군요. 사실 저는 거지 신세를 면해볼까 하여 옷을 깨끗이 갈아입고 왔거든요."

이성계는 눈앞의 광경을 반신반의하면서 보고 있는데 스님

이 이성계를 향하여 무슨 일로 왔느냐고 물었다. 이성계는 스님을 골탕 먹여주고 싶은 생각에 자신도 問자를 써 보이며 풀이를 부탁했다.

스님은 잠시 명상에 잠겼다가 별안간 자세를 바꿔 합장 배례를 하며 말했다. “장차 이 나라의 주인이 되실 어른께서 왕림해 주셨으니 이런 황공한 일이 없사옵니다.”

스님의 뜻밖의 행동에 이성계는 그 까닭을 물었다.

“같은 글자를 써낸 아까 그 손님에게는 거지 팔자라 하고 똑같은 글자를 써 낸 나에게는 어찌하여 그런 엉뚱한 말씀을 하시오?”

“네, 아까 그 사람의 問자는 입이 門 안에 매달려 있는 問자였고, 지금 귀공貴公의 問자는 좌로 보아도 尹(다스릴 윤)자 밑에 口(입구)자 가 합해진 君(임금군)자요, 우로 보아도 尹자 밑에 口자가 합해진 君(뒤집어 보면 똑 같다)자가 되옵니다. 그러니 장차 이 나라의 주인이 되실 게 분명하옵니다.”

훗날 이성계가 왕이 되자 그곳에 절을 지었는데 그 절의 이름을 장차 자신이 임금이 될 것을 미리 예언해준 장소라는 뜻으로 석왕사釋王寺라 했다.

저팔계의 이름

호랭이가 담배 묵던 시절에 손오공, 사오정, 그리고 이름 모를 돼지 셋이서 오손도손 go stop 치며 살았다.

근데 그놈의 돼지가 어찌나 처먹어 대는지 손오공과 사오정의 생활이 원숭이 궁둥이 마냥 빨개졌다. 그래서 그 돼지를 장날 내다 팔기로 했다.

그 사실을 알아챈 돼지가 더듬거리며 말했다.

"저.....팔게여?"

그래서 그 때부터 그 돼지의 이름이 저팔계가 됐다.

할머니의 애정관

"다시 태어난다면 지금의 배우자와 또 결혼하시겠습니까?"

목사가 신도들에게 그런 사람은 손을 들어 보라고 했다.

모두들 가만히 있는데 할머니 한 분이 조용히 손을 들었다.

"그렇게도 할아버지와 사랑이 깊으셨습니까?"

할머니 왈,

"다 그놈이 그놈이여~! 그러니께 아무래도 길들여진 놈이 좀 낫것제~잉!"

풍월한수

浮雲

浮雲來無處 去也亦無踪 부운내무처 거야역무종

細看雲去來 只是一虛空 세간운거래 지시일허공

뜬 구름은 오는 곳이 없고, 가는 곳 또한 종적이 없도다.

구름의 오고감을 자세히 보니 그것은 그저 허공뿐이로구나.

마누라는 쇼핑 중독

경제 사정이 그렇게 풍족하지도 못한 향단이는 백화점에만 갔다 하면 이성을 잃고 현금은 물론 카드 구분 없이, 경우에 따라서는 친구에게 돈을 빌려서까지 쇼핑을 해댔다. 쥐꼬리만한 월급쟁이 남편 방자는 이대론 안되겠다 싶어 고민 끝에 제의를 하나 했다.

방자: 당신도 이제 나이도 먹을 만큼 먹었고 자식들 보기에도 챙피하고 그러니 제발 쇼핑에만 미쳐 있지 말고 서예나 꽃꽂이 같은 좀 고상한 취미를 가지면 어떻겠소?

향단: 좋아요! 그러면 서예학원에 다니며 붓글씨 공부나 할테니 지금까지 사용한 카드 빚 3천만 원이나 청산해 줘요.

이리하여 서예 학원을 열심히 다니던 향단이 3개월 쯤 지나더니 오매나! 서예 전시회에 자기도 작품을 낸다면서 방자에게 大月東火라고 쓴 서예 작품을 내 놓고 하는 말.

향단: 여보! 저 네 글자가 무슨 뜻인지 아세요?

방자: 글쎄? 중국 이태백의 싯구절 같기도 하고… 동녘에 휘영청 큰 달이 솟아 오르니 온 세상이 불타듯이 밝아진다는 뜻 아닌가?

방자는 곧 죽어도 무식無食(?)하다는 소리는 듣기 싫어서 대충 이렇게 얼버무렸는데...

향단: 好好好! 당신도 참 무식하기는… 매일 바둑만 두지 말고 한자 공부 좀 해요. 저 네 글자의 뜻은 大구백화점은 月요일에 쉬고, 東아백화점은 火요일 날 쉰다는 뜻이예요.

어이가 없고 기가 막힌 방자는 속으로 3개월간 아까운 돈 퍼질러 주고 서예학원 나간 마누라가 아직도 백화점 쇼핑에만 신경을 쓰고 있는 것 같아 크게 실망하였다.

그런 몇 개월 후, 방자는 직장 관계로 서울로 이사를 갔다.

향단은 여전히 서예 학원을 계속 다녔는데…….

몇 달 뒤, 또 대구 때 맹키로 전시회에 출품을 한다나, 이번에는 現月新木이란 네 글자를 써 가지고 늘어 놓으며 말했다.

향단 : 당신 이 네 글자가 무슨 뜻인지 아시겠어요?

방자: 음~! 밤에 달이 뜨니 온 세상 나무들이 새로워진다는, 뭐 대충 이런 뜻 아니야?

방자는 이번에도 처음 보는 사자성어였지만 별 수 없는 무식한 남편이랄까봐 이렇게 둘러 댔다. 그랬더니,

향단: 당신 정말 한자 정말 모른다. 이건 現대백화점은 月요일 날 놀고, 新세계백하점은 木요일 날 논다는 뜻이잖아요.

아갸갸!

도토리 키재기

초딩: 형아 오늘은 즐거운 왈(日)요일이지?

중딩 둘째: 가만! 오늘은 후라이 데이 김(金)요일이야.

고삐리 큰형: 짜~식들, 한자 실력이 그정도밖에 안되냐? 오늘은 사(土)요일야.

듣고 있던 동경대(동네 경로당)를 우수한 성적으로 나오신 아버지: 얏! 이놈들, 이제껏 하룡서당에서 배운 게 그 정도밖에 안돼? 서재에 가서 왕(玉)편이나 가져오드라고~잉!

지字로 끝나는 말은?

카페에서 연인들을 상대로 이벤트를 벌였다.

사회자: 우리 몸 중에는 지字로 끝나는 부위가 있는데 어디 어딘지 아시는 분?

(중구난방으로) "허벅지! 장딴지!! 엄지!!! 검지!!!!"

사회자: 네~ 맞습니다. 하지만 그 정도는 누구나 다 아는 수준이고, 또 없을까요?

사회자는 몸의 소중한 특정 부분을 떠 올리며 그말을 하게끔 유도했다.

그러나 연인들끼리 온 터라 애인 앞에서 쉬이 그말을 할 수가 없었을 터. 그때 씩씩한 한 여자의 목소리.

"해골바가지!" (와!와!우갸갸)

그녀는 뜻밖에 얼굴도 예쁜 킹카였다.

어떻게 저런 아릿다운 여자 입에서 해골바가지란 엽기적인 단어가 나왔는지…….

사회자 : 또 없을까요?

곤혹스런 표정의 그 아가씨 : 모가지!

(우와와! 참 대단한 아가씨네! 갈갈갈!)

사회자: 마지막으로 한번만 더, 또 없을까요? 이번에도 대

답을 하시는 분에게는 선물을 따블로 드리겠습니다.

모든 사람들이 이젠 드디어 아가씨도 두 손을 들겠거니 생각하는데 그녀가 소리쳤다.

"배때~지!"

풍월한수

繪花者

繪花者不能繪其馨 회화자 불능회기형

繪雪者不能繪其淸 회설자 불능회기청

繪月者不能繪其明 회월자 불능회기명

繪泉者不能繪其聲 회천자 불능회기성

繪人者不能繪其情 회인자 불능회기정

꽃은 그려도 그 향기는 그릴 수 없고.

눈(雪)은 그려도 그 맑음은 그릴 수 없고.

달은 그려도 그 밝음은 그릴 수 없고.

샘은 그려도 그 물소리는 그릴 수 없고.

사람은 그려도 그 인정은 그릴 수가 없느니라.

우리딥 부랐떠여!!!

혀가 좀 짧은 아이가 집에 혼자 있는데 불이 났다.

비록 혀는 짧지만 똑똑한 꼬마는 119가 떠 올랐다.

“아띠아띠! 우리딥 부랐떠여!”

“뭐라구? 다시 말해볼래?”

“우리딥 부랐따구여!”

한참 만에야 꼬마의 말귀를 알아 들은 119 아저씨 재미있다는 듯이 한 번 더 묻는다.

“꼬마야! 뭐라구? 한번만 더 해봐!

무지 성질난 꼬마.

“우리 딥다 따부렀다. 띠발눔아.”

죽음에 대한 언어적 연구

사람들은 죽은 사람, 즉 망자亡者의 생전 계급에 따라 명칭을 달리 붙여 불러 왔는데…….

천자가 죽으면 붕어崩御, 제후가 죽으면 서거逝去, 왕이 죽으면 승하昇遐, 왕족이 죽으면 홍서薨逝, 대부가 죽으면 졸거卒去, 선비가 죽으면 불록不祿, 서민이 죽으면 사망死亡, 노인이 죽으면 운명殞命 또는 작고作苦, 가톨릭에서 교황이나 추기경이 죽으면 선생복종정로善生福終正路 (착하게 살다 복되게 죽는 게 삶의 바른 길이란 뜻)에서 따온 선종善終, 불가에서 고승이 죽으면 열반涅槃, 일반 승려가 죽으면 입적入寂, 황제나 아버지가 죽으면 천붕지통天崩之痛, 남편이 죽으면 붕성지통崩城之痛, 아내가 죽으면 고분지통叩盆之痛, 남의 아내가 죽으면 상처喪妻, 친구가 죽으면 절현絶絃, 자식이 죽으면 참척慘慽, 20세 전후의 젊은이가 죽으면 요절夭折, 여덟 살에서 열세 살 사이에 죽으면 하상下殤, 15세에서 20세 안 쪽이 되는 소년으로 장가 들지 않고 죽으면 상상上殤, 유명인사가 죽으면 타계他界, 나이 든 집안 어른이 죽으면 별세別世라고 했다.

또 죽은 사람을 일컬어 고인故人, 죽었다는 말을 고상하게 일컬어 '유명幽明을 달리했다' 라고 하고, 아무 탈 없이 천수를 다하고 죽는 것을 고종명考終命, 마지막 죽음에 임할 때를 임종臨終,장례를 마침으로써 영원히 떠나감을 영결永訣이라했다.

사망이라는 뜻을 순수 우리 말로는 생물학적 표현을 써서 몸의 모든 기능이 멈추고 숨이 완전히 끊어진 상태에서 예쁜 간호사 아가씨가 인공 호흡을 10분간 해도 소용이 없을 때를 '죽었다' 라고 한다.

그 외에도 뒈졌다. 뻗었다. 황천 갔다. 밥숟갈 놨다. 저세상 갔다. 홍콩 갔다. 골대꼴 갔다. 숨 안 쉰 지 오래 됐다. 등등 헤아릴 수 없게 많다.

그런데 사망과 탄생의 시간은 대부분 늦은 밤이나 새벽이다.

최근 국립과학연구소의 연구분석 결과에 의하면 결혼結婚이라는 말도 옛날에는 어두울 혼昏 자를 써서 결혼結昏이었다고 한다.

그 이유는 너무 일찍 혼례를 끝내고 신랑신부가 쓸데 없는 에너지 낭비로 대낮부터 파김치가 되는 일 없이 결혼식 후 곧바로 화촉을 밝혀 초야를 왕성하게 치루게 하여 건강한 2세 생산에 차질이 없도록 하기 위해서였다는 것이다. 여기에서 우리는 선조들의 번뜩이는 지혜를 엿볼 수 있다. ㅋㅋㅋ

그런 이유로 탄생이나 사망 시간이 늦은 밤이나 새벽녘에 이루어진다는 사실이 밝혀졌고, 아침에 동네 어른을 만나면 '밤새 안녕 하셨습니까?' 하고 묻던 인삿말도 그래서 생겨 났다고 한다. (물론 믿거나 말거나)

하지만 앞으로 태어날 후손들은 벌건 대낮에 태어날 확률이 점점 높아질 거라는 연구 결과도 나와 세인들의 지대한 관심을 끌고 있는데.

우리가 농촌 어디를 가든 한적한 곳이면 널부러지고 쌔발린 것이 러브 호텔 (러브 하우스)아닌가 말여!

일 본 사 람 나가고, 좃(조) 선 사람 들어 가는 곳에 순박한 농부라고해서 들어가지 말란 법 있나?

젊은 남녀 농부가 오붓하니 밭일 하다 말고 찡~! 눈길이라도 마주치는 순간에 춘정春情이 지랄을 해싸 남편오리 꽥꽥~(싸게 따라와 보랑께~)하면 마누라 오리도 깩꽥~(알았당께로 여봉! 쪼까 지둘루쇼)하면서 호밋자루 내 팽개치고 일 보고 나올 수 있는 24시간 편의점이 도처에 깔려 있지 않은가!

앞으로는 지문 검사 없이 이력서에 출생 시간 만으로도 이 사람이 정상 코스를 밟았는지 부적절한 장소에서 맹그러져 태어 났는지를 알 수 있게 된다하니 이는 우리나라 과학연구의 일대 개가라 할 수 있겠다.

특히 새벽녘에 태어나는 애가 많은 이유로는 남자의 양기가 아침 이슬을 한껏 머금고 인시寅時(새벽 5시)를 전후해서 종치기 좋은 환경이 조성되기 때문이라고 하는데 이때가 돼도 종을 못 치는 남자들은 친구지간에도 재산 보증은 물론 돈도 꿔주지 말라는 것이 선조들의 가르침이다.

터프~ 한 쥐들의 대화

옛날 한 마을에 살고 있던 둔돌이쥐, 검초쥐, 하룡이쥐 셋이 분위기도 그럴싸한 길가 주막에 모여 누가 더 터프한지뜨거운 격론을 벌이고 있었다.

둔돌이쥐가 앞에 있던 위스키 잔을 단숨에 비우더니 빈잔으로 식탁을 탁! 하고 내리치며 말했다.

"난 말이야!! 그 덫만 보면 거기에 벌렁 눕고 싶더라고! 나를 덮치는 쥐덫을 이빨로 확 물어 뜯어 갈기갈기 걸레처럼 만들지 않고서는 식욕이 동하질 않아! 그런 다음 미끼로 쓰인 치즈 덩어리를 물고 유유히 휘~ 파람 불며 사라지는 거야!"

그러자 검초쥐가 럼주를 두 잔이나 거푸 비우고 벽에 빈잔을 던져 박살을 낸 뒤 둔돌이쥐를 째려 보며 가소롭다는 듯이 대꾸했다.

"난! 말야! 길을 가다 쥐약만 보면 사족四足을 못 쓰지. 눈에 보이는 대로 모아 집으로 가져 와서 가루로 만들어 뒀다가 매일 아침 모닝 커피에 타 먹어야 하루가 개운 하거든!"

그러자 가만히 있던 하룡이쥐는 따분하다는 듯 길게 하품을 하고는 조용히 말했다.

"난! 있짜나! 시방 이렇게 老닭거릴 시간이 없는 몸이야! 빨리 집에 가서 우리집 암코양이 하고 뜨거운 밤을 보내야 해. 마누라가 오늘 물침대를 들여 놨거들랑……ㅎㅎ."

그러자 자금까지 저쪽 한 구석에서 쭈구리고 앉아 보드카만 홀짝거리고 있던 눈보사랑쥐가 코는 딸기코로 빨개가지고 술에 진탕 쩔어 게슴치레한 눈을 꿈뻑거리며 헤벨레한 목소리로 한마디 한다.

"野! 妊馬! 未親 눔덜 知刺下止 末口 二里臥西 甫豆加那 馬矢之 安乙來?"

아들에게 고스톱을 가르쳐야 하는 이유 10가지

첫째~낙장불입.

순간의 실수가 큰 결과를 초래하는 낙장불입을 가르침으로써 인생에서 한번의 실수가 얼마나 큰 결과를 초래하는지에 대해 깨우치게 한다.

둘째~비풍초똥팔삼.

인생을 살면서 무엇인가를 포기해야 할 때 우선 순위가 있음을 가르침으로써 위기 상황을 지혜롭게 잘 극복해 나가는 기술을 가르친다.

셋째~밤일낮장.

밤에는 낮은 수, 낮에는 높은 수가 선을 잡는다. 인생에서의 위계질서 즉 장유유서의 기본 틀을 배워 나아가 사회의 안녕과 질서 유지에 이바지하게 한다.

넷째~광박.

광 하나는 가지고 살아라! 인생은 결국 힘 있는 놈이 이긴다는 만고불변의 무서운 현실을 가르침으로써 지갑에 광 하나쯤은 가지고 있어야 인생에서 실패하지 않음을 깨우치게 한다.

다섯째~피박.

피라고 해도 고스톱에서는 얼마나 중요한지를 깨우치게 해서 사소한 것이라도 결코 소홀히 하지 않도록 한다.

여섯째~쇼당.

현명한 판단력이 있어야 생존할 수 있다. 고스톱의 진수인 쇼당을 안다면 양자 택일의 기로에 섰을 때 현명한 판단을 내릴 수 있다.

일곱째~독박.

무모한 모험이 얼마나 속이 찢어지고 뒤집어지는 쓰라린 아픔인지 미리 체험하게 함으로써 행동을 삼가하게 한다.

여덟째~열Go.

인생은 결국 승부라는 것을 가르쳐 도전 정신과 배짱을 함양시킨다.

아홉째~스톱.

안정된 투자 정신과 신중한 판단력을 증진시키며 미래의 위험을 내다 볼 수 있는 예측력을 배양하게 한다.

열째~나가리.

인생은 곧 나가리 라는 허무를 깨닫게 해주어 그 어렵다는 노장 사상을 단번에 이해시킨다.

혹시나 하고 돈따러 왔다가 역시나 돈 잃고 가는 우리네 인생! 나가리도 좋다. 대박날 때까지 못 먹어도 Go다.

풍월한수

理致

花無一語 多情蜜 月不踰墻問深房

화무일어 다정밀 월불유장 문심방

꽃은 말이 없어도 꿀을 많이 간직하고,

달은 담장을 넘지 않고도 깊은 방에 찾아들 수 있다.

順理

溪邊楊柳 不雨長 後園黃栗不蜂折

계변양류 불우장 후원황률 불봉절

시냇가 버들은 비가 오지 않아도 저절로 자라고,

뒷동산 밤송이는 벌이 쏘지 않아도 절로 터진다.

주도酒道의 급

시인 조지훈 님은 술 주정도 하나의 교양이라 했다.

술을 마시면 누구나 다들 기고만장하여 영웅호걸이 되고 위인현사도 안중에 없는 법이다. 그래서 주정만 하면 다 주정이 되는 줄 안다. 그러나 사람의 주정을 보고 그 사람의 인품과 직업은 물론 그 사람의 주력酒歷과 주력酒力을 동시에 알 수 있다.

그러니 많이 안다 해서 교양이 꽤나 높은 척 꼴갑을 떨 것도 아니고, 많이 마시고 침 튀겨 가며 웅변을 토하는 것만이 주격酒格이 높아지는 것도 아니라 주도에도 엄연히 급이 있다는 말이다. 그러면 9급부터 거슬러 올라가 보자.

9급: 부주不酒 술을 아주 못 먹거나 안 먹는 사람.

8급: 외주畏酒 술을 마시긴 마시나 술을 겁내는 사람.

7급: 민주憫酒 마실 줄도 알고 겁내지도 않으나 취하는 것을 민망하게 여기는 사람.

6급: 은주隱酒 마실 줄도 알고 겁내지도 않고 취할 줄도 알지만 돈을 아끼느라 혼자 숨어 마시는 사람.

5급: 상주商酒 마실 줄도 알고 좋아도 하지만 무슨 잇속이 있을 때만 마시는 사람.

4급: 색주色酒 섹스만을 위하여 술을 마시는 사람.

3급: 수주睡酒 잠이 안 와서 술을 마시는 사람.

2급: 반주飯酒 밥맛을 돋우기 위해서 마시는 사람.

1급: 학주學酒 술의 진경眞境을 배우는 사람. 주졸酒卒

1단: 애주愛酒 술을 취미로 맛보는 사람. 주도酒徒

2단: 기주嗜酒 술의 진미에 반해서 술울 마시는 사람. 주객酒客

3단: 탐주耽酒 술의 진경을 체득한 사람. 주호酒豪

4단: 폭주暴酒 주도를 수련하는 사람. 주광酒狂

5단: 장주長酒 주도 삼매경에 든 사람. 주선酒仙

6단: 석주惜酒 술을 아끼고 인정을 아끼는 사람. 주현酒賢

7단: 낙주樂酒 마셔도 그만, 안 마셔도 그만, 술과 더불어 유유자적하는 사람. 주성酒聖

8단: 관주觀酒 술을 보고 즐거워하되 이미 마실 수 없는 사람. 주종酒宗

9단: 폐주廢酒 또는 열반주涅槃酒 술로 말미암아 이미 저 세상으로 떠나게 된 사람. 주신酒神

조치원에 얽힌 전설

아주 먼 옛날, 그치만 기차가 다닐 정도였응께 호랭이 새끼 해피 스모그하던 옛날은 아니고….

충청도의 어느 마을에 오십대 중반의 부부가 살았다.

젊어서는 하루 세 끼 밥 꼭 챙겨 먹고 그래도 부족하다 싶으면 간식까지 찾아 먹듯 밥상 물리기 무섭게 서너 번씩 하루도 거르는 일 없이 꼬박꼬박 일수 장부에 도장을 찍던 남편이 오십을 넘어서면서 횟수가 찬물에 거시기 줄 듯 줄어 들더니 최근엔 일수는커녕 월수도 간신히 찍었다. 그런데 그나마도 그날만 되면 갖은 핑계를 대고 피곤하다며 건너 뛰는 게 다반사였다. 그러다 보니 하루해 지는 게 겁이 나고, 밤이 무서운 정도가 아니라 두렵고 공포감마저 들었다.

잠자리에서 마누라 옷 벗는 소리만 들려도 하체에 힘이 빠지고 등줄기에서 식은 땀이 줄줄 흘렀다. 흔히들 옛 말에 사십이 되면 남자의 거시기를 물건이라 부르고, 오십이 넘으면 물건도 아니고, 육십이 넘으면 그야말로 조또 아니라고 했다.

그래서 마누라는 남편을 놀렸나 봐!!! 요렇게….

"당신 것은 물건도 아녀유~! 이제 멀잖아 좆될 일만 남았구먼유~! 그츄? 안그류? 내 말이 맞쥬~?"

남편은 자존심이 무척 상했지만 어쩔 수가 없었다. 변강쇠인들 흐르는 세월을 어찌 막겠는가!

하루가 다르게 고개를 들지 못하는 자신의 거시기가 그저 밉기만 했다.

그런데 야속한 마누라는 푸념하듯 또 놀렸다. 이렇게...

"여보! 한 달에 한 번도 지대로 못하는 그걸 지랄 옘병 맞게 달고 다녀유?"

그 말에 심약한 남편은 울면서 곧 바로 기찻길로 향했다.

'그래, 이제는 마누라 하나도 지대로 충족 못 시키고 아무 짝에도 쓸모없이 괄시만 받는 이 고깃덩이를 잘라 버리자.'

이렇게 마음을 먹고 철로 위에 자기의 거시기를 척! 하니 올려 놓았다.

잠시 후! 저 멀리서 기적을 울리며 기차가 달려 왔다.

기관사가 앞을 바라 보니 아! 글쎄!! 이런 젠장할!

어떤 미친 놈이 자신의 Jo즐 철로 위에 척! 올려 놓고 잘라 버리려 하고 있는 것이 아닌가! 기관사는 순간 하도 어이가 없고 당황하여 소리를 질렀다.

"야~ 이 쉑야!~~ 조짤러지고시퍼 환장했냐? 조~~~ 치워~~~ 후딱! 치우랑께~~."

그런 일이 있은 다음부터 그 곳의 지명을 '조치워' 라 불렀다고 하는데 오랜 세월이 흐르는 사이 그 말이 변하여 지금의 '조치원' 이 됐다고 한다.

정신 분석학

시골에 사는 지명이 전국 새마을운동 세미나 참석을 위해 서울행 열차를 탔다, 한참을 달리다 지루해지자 옆에 앉은 불암이에게 말을 걸었다.

지명: 저...선상님은 뭐하시는 분이래유~?

불암: 지요? 지는요~ 정신분석 학자랑께요.

지명: 그게 뭐대유~?

불암: 에...또 거시기 그랑께! 고것이 설명허자면 쪼까 어렵고, 깅께 지가 예를 하나 들어 보것소~잉! 아자씨네 下宇手(하우스)에 어항 있지라~

지명: 네~ 있어유~! 고걸 어치케 아랐때유~?

불암: 집에 어항이 있능 걸 봉께 물고기를 허벌나게 좋아능 갑소~잉?

지명:흐미~ 선상님! 쪽찝게 도사유~ 도사! 전~유~ 물고기 특히 회라면 사죽을 못써유~.

불암: 물고기를 고로코롬 좋아하능 걸 봉께 물도 거시기나게 좋아허시것소~잉?

지명 : 좋다마다 여부가 있간유~.

불암 : 물을 고로코롬 좋아 해불면 수영장도 억시게 좋아허

시겠소~잉?

지명 : 좋아하쥬~! 여름엔 아예 게서 살어유~ 이래뵈도 도꾸 스웨밍은 우리 마실에서 누구도 나를 못 따라 와유~ 한마디로 말하믄 누구든지 쨉도 안된다 뭐~ 이런 말이쥬~.

불암 : 수영장에서 비키니 입은 예쁜 기지배를 보믄 가심팍이 팔딱팔딱 뛰지라~잉?

지명: 두말하면 아구 아프쥬~ 눈앞에 고것이 알짱대면 가슴이 막~ 뛰고 지럴이 나쥬~!

불암: 비키니 입은 쭉 빠진 아가씨를 보면 뭔가 거시기 해불고 싶은 큐피트 화살이 가심팍에 사정없이 꽂혀부리죠~잉?

지명: 옴마~ 옴마~! 계룡산 도사도 아니면서 어쨌케 고걸 아랐때유~? 선상님!~ 고거 보고 고거 생각 없으면 일찌감치 벽제 가야쥬~?

불암: 下下下~ 이게 바로 정신분석학이라는 것이지라~잉! 인자 아시것쏘?

지명: 아~항! 기렇구나~앙!!

세미나가 끝난 지명이는 다시 시골로 가는 열차를 탔다. 그리고 옆에 앉은 순재에게 슬슬 말을 걸었다.

지명 : 저...아자씨! 지가 뭐하는 사람인 줄 아세유~?

순재 : (시끕다는 듯이 무뚝뚝하게) 내가 어케 알겠소?!

지명 : 전 정신분석학자여유~!

순재 : (듣는둥 마는둥 하며) 그렇쏘이까?

지명 : 그게 뭐하는 건지 아세유~?

순재 : (멋대가리 없이) 모르겠소!

지명 : 지가 한가지 예를 들어 설명할게~ 잘 들어봐유~~~.

순재 : (귀찮아 죽겠다는 듯 하품을 하면서) 그러던지요!

지명 : (들어 주는 것만도 좋아서) 아자~씨 집에 어항 있~쥬?

순재 : (멀뚱멀뚱) 없소!

지명 : 허걱!!!!!!!!!!!!! ??????????

효자 1

방 한칸에서 가난하게 사는 부부와 아들이 있었다.

자랄 만큼 자란 아들이 혹시나 볼까봐 밤일을 제대로 하지 못했다. 그래서 밤일을 할 때마다 아들이 자나 안 자나 확인하려고 성냥불을 켜서 아들 얼굴 위를 비춰 보곤 했다.

그러던 어느날 밤, 역시 성냥 불을 켜서 아들 얼굴 위를 비추는데 그만 성냥의 불똥이 아들 얼굴 위로 떨어지고 말았다. 아들이 깜짝 놀라 벌떡 일어나 하는 말,

"내 언젠가는 불똥 튈 줄 알고 있었지유~."

효자 2

그날 이후론 밤일을 하려면 모든 걸 살펴보고 해야만 했다.

아들이 곤히 잠든 날이었다.

남편은 부인 곁으로 도둑고양이 마냥 살금살금 기어 가서 일할 자세를 취하자 부인이 말했다.

"여보!! 내일 안성 장날이잖유? 새벽 일찍 일어나 장터에 나갈려면 피곤할 턴디 오늘은 기냥 잡시다유 !!

이때! 자고 있는 줄만 알았던 아들 하룡이가 눈을 감은 채 한마디 했다.

"괜~찮여유~ 엄니~ 내일 억수로 비 온데유!"

효자 3

다음 날 절말 비가 왔다. 비가 오니까 더욱 날궂이 생각이 간절한데 아들 하룡이 녀석이 눈치 없이 방안에만 틀어 박혀 있는 것이었다.

남편이 말했다.

"너! 검초네 집에 가서 안 놀려?"

옆에서 마누라도 거들었다.

"그려라~이! 혼자 재미 없게 뭐 하냐 그 집에 가서 콤퓨타 오락이라도 하면서 놀다 와~!!"

그러자 하룡이 녀석이 퉁명스럽게 쏘아 부쳤다.

"지를 눈치코치두 없는 눔으루 만들지 말어유! 검초 아부지 라구 그거 생각 안 나겠어~유?"

효자 4

모처럼 기회를 맞은 날 밤, 남편이 부인 곁으로 다가가자 부인이 조급하게 속삭였다.

"조심혀야 된께 그거(장화) 좀 찾아봐~유."

그러나 가난한 부부는 그것조차 떨어지고 없었다. 바짝 몸이 달아 오른 남편.

"괜찮여~ 내가 조심혀서 잘 헐껴!"

그때 자는 척하던 아들 녀석이 말했다.

"그러다가 식구 하나 더 늘려봐~유! 지금보다 더 힘들 꺼 아녀~유?"

이 여편네가 미쳤나?

하룡이가 마누라하고 머리 터지게 대판 싸우고 좀 미안한 생각이 들어 화해도 할 겸 외식이나 하자며 차를 끌고 나왔다.

마누라는 아직도 삐진 게 덜 풀렸는지 뾰로통하니 앞만 쳐다 보고 있었다.

마침 도로에 차들도 없고 해서 기분 좀 내려고 쌩쌩 달리는데 저만치 앞에서 교통경찰이 차를 세우라고 한다.

하룡 : 무슨 일이죠?

경찰 : 과속하셨습니다. 80km주행 구간인데 150km로 오셨습니다.

하룡 : (시치미를 떼며) 무슨 말을 하는 거예요? 80km로 몰았단 말이에요.

마누라 : 여보? 당신 아까 150km 넘었었어요. (어라! 이거, 내 마누라 맞아?)

경찰 : 그리구요. 라이트가 나가서 불도 안들어 오네요. 이것도 벌금 내셔야 됩니다.

하룡 : 무슨 소리야? 조금 전에도 잘 들어 왔었는데…….

마누라 : 여보! 당신이 지난 주에 주차장에서 앞차를 들이

박아 양쪽 다 깨졌잖아요? (어? 점점 보자보자 하니까…… 아무리 화가 덜 풀렸어도 그렇지…….)

경찰 : 이제 보니 안전 벨트도 안 매셨네요?

하룡 : 나원 참! 조금 전까지 매고 운전했는데 당신이 차 세우라는 바람에 풀었잖아요!

마누라: 무슨 말이에요. 언제 당신이 안전 벨트 매고 운전했어요? (남편, 참다 참다 드디어 터지고 말았다.

하룡 : 아니! 이 여편네가 돌았나? 가만히 있지 못해? 주뎅이를 확 꿰매 버릴까부다.

경찰: 아주머니! 바깥 양반 평상시에도 말투가 이렇습니까?

마누라: 아니에요. 평소에는 괜찮은데 술만 취하면 저래요!

경찰: 허걱! 음주까지……?

하고와 아나고

경상도 남자와 서울 여자가 바닷가로 신혼여행을 갔다.

호텔에 짐을 풀고 나서 남자가 말했다.

"여보! 우리 '아나고' 회나 무러 갈까?"

그러자 몹시 실망스러운 얼굴의 여자.

"그지말고 우리~ '하고' ~ 회 무러 가요!"

제대할 때 까정 쓰그라 잉!!!

어느 시골 마을에 잔머리 굴려서 애비 등골 빼 먹는 덴 귀신이고, 공부엔 별루인 아들이 있었다.

근데 이놈은 아버지가 아들에게 무식하면 평생 애비모냥 고생이니 공부 좀 하라고 하면 무식한 엄마한테 가서 하루는 영어참고서 산다고 하고, 그 다음 날은 영어사전 산다고 하고, 며칠 있다가는 영어콘사이스 산다고 하고, 또 그 다음 날엔 영어 딕셔너리 사야 한다며 돈을 뜯어 갔다.

그 아들이 드뎌 군대에 가서 한 달 만에 편지를 보냈는데……점입가경이다. 며칠전 보초를 서다가 조는 바람에 철모하고 총을 잃어버렸고, 총알도 다 떨어져서 다시 사야 되겠으니 30만 원을 보내 달라는 것이었다.

무지랭이 아버지는,

"시상! 참!! 많이도 변했구먼! 옛날 우리 때는 군대 물건 이러버리문 제까닥 영창을 갔는디 요샌 애네들이 사 논나베! 쩝!" 하고 돈을 부쳐 주었다.

그리고 얼마 후 다시 편지가 왔다.

"아부지! 큰일 났슈~! 지난 주에 야간훈련 나갔다가 안개가 심해서 앞이 안보이는 바람에 땡크를 잃어버려 변상을 해야

돼유! 그러니 50만 원만 보내 주세유!"

화가난 아버지가 답장을 썼다.

"미친눔! 정신을 워따가 두고 다닌겨? 지난 번엔 총하고 철모를 이러 버리더니만 이번 참엔 땡크까정 이러 버렸다냐? 애비가 애써 달아 준 고추하고 호두 두 알은 제대로 달고 다니는겨? 정신 똑바로 챙겨 이썩을눔아! 그래야 새로 산 땡크를 제대할 때까정 쓸 꺼 아니것냐? 이 애빈 니 땜시 속이 문드러져 90도 못살것따! 이노무식갸!"

제 2 부

20대 웃기는 유머

소세양과 황진이의 편지

조선시대 송도삼절(황진이. 서화담. 박연폭포)의 하나인 명기 황진이黃眞伊가 그 이름을 만천하에 떨치고 있던 때, 한양에서도 풍류객으로 소문난 소세양蘇世讓이라는 거유巨儒(이름난 유학자 또는 학식이 많은 선비)가 개성 만월대에 잠시 놀러 왔다가 정자 위에서 우연히 황진이를 만났다.

소세양은 첫눈에 마馬씨 집안의 외동딸 馬릴린 몬로 정도는 비교할 수조차 없게 빼어난 미모와 재능에 홀딱 반하여 개수작(일종의 까시)을 한번 걸어 보았것다.

그러나 괜히 송도 삼절인가? 흥~!!!

도도한 황진이는 '여드레 삶은 호박에 도래송곳도 안들어가는 소리 허덜마쇼~잉!' 하면서 눈도 한번 거들떠 보지 않고 총총히 사라져 버리는 것이 아닌가.

소세양은 자존심에 엄청난 데미지를 입고 요즘 말로 쪽이 팔렸지만 자고로 계집은 뺄 때 빼고 캥길 때 캥길 줄 알아야 제맛이렷다.

음~, 계집이 먹으란다고 넙쭉넙쭉 주는대로 다 받아 처먹으면 품었던 매력도 쏟아버리는 게 사내들의 마음 아닌가. 소세양도 한 시대를 풍미했던 한량으로 계집 호리는 데는 일가견이 있는 한량이었으니, 쪽팔렸던 마음 꾹 눌러참고 하인 놈 시켜 황진이에게 편지를 한 장 써 보내는데, 바로 류榴라는 글자 한 자였다.

류榴자를 우리말로 써부리면 '석류나무류'가 된다. 이것을 다시 발음 나는대로 한문 글자로 바꿔 놓으면 碩儒那無遊가 되고, 이것을 다시 우리 말로 바꾸어서 씨부려보면 '큰 선비인 내가 여기에 있는데 너는 어째서 나와 함께 놀아볼 생각을 안하고 그냥 돌아가 버리느냐?' 하는 뜻이 된다.

소세양은 그런 뜻에서 석류나무류碩儒那無遊 라는 글 대신에 달랑 류榴자 한 자만을 써 보냈던 것이다.

황진이는 소세양의 그런 마음을 냉큼 알아차리고 그 자리에서 즉석 복권 긁듯 일필휘지로 답장을 써 보내는데, 역시 어漁라는 글자 한 자뿐이었다.

그러면 어漁 자는 무슨 귀신 씻나락 까먹는 소리였을까? 그 뜻을 자세히 살펴볼라치면 어漁자는 우리말로 '고기잡을어'이다. 그것을 똑같이 발음 나는 한문 글자로 바꿔 놓으면 '高妓自不語'가 된다.

이 말은 '품위 놓은 기생은 말을 함부로 하는 것이 아니다'라는 뜻이 된다.

소세양이 '여기 큰 선비가 있는데 그대는 어찌하여 함께 놀

생각을 안 하고 그냥 돌아가느냐?' 하는 뜻으로 류榴자 편지를 보내왔기에 황진이도 똑같은 수법으로 '품위 있는 기생은 말을 함부로 씨부리는 것이 아니다.' 라는 뜻의 어漁자를 써 보냈던 것이다.

변죽만 울려도 복판이 찡찡 울리는 매우 고차원적 수작들이었던 것이다.

이렇게 한양의 소 사장과 개성의 황 여사는 그날의 러브~콜이 인연이 되어 랑데뷰~ 도킹에 성공했음은 물론이요, 오래도록 뜨거운 운우雲雨의 정을 나누게 되었던 것이다.

백수 보고서

젊어서 우수한 성적으로 하바드대(하는 일도 없으면서 바쁘게 드나드는 곳)를 나와 곧 바로 동경대학원(동네경노당)을 수료하고, 얼마 전까지 방콕대(방에 콕 쑤셔 박혀 있음)에서 열씨미 근무했는데 명퇴당하고, 지금은 화백(화려한 백수)으로 국토를 전전하고 있다.

며칠 전엔 경상대(경기도에서 상당히 멀리 있는 변두리대학)에 문지기 자리가 하나 비었다고 전화가 왔는데 아쉽게도 방글라데시(방 안에서 디굴거리고 있음)로 해외여행을 가는 바람에 동작 빠른 검초에게 뺏겨 몹시 억울하다.

백수라고 해서 일자리가 평생 없는 것은 아니다.

김포공항에서 비행기 뜰 때까지 밀어주기, 한전에서 5만 볼트 고압선에 물걸레질하기, 철또청에서 빵꾸난 기차 바퀴에 바람 넣기, 양계장에서 임신한 수탉 가려내기, 어린이대공원 싸파리에서 바람난 호랑이에게 가족 계획용장화 나눠 주기 등등 그외에도 많기는 하지만 적성에 맞는 게 없다.

너무 심심해서 교회를 나갔더니 백수경력이 노벨상 수준이라며 장노(장기간 노는 사람)감투를 억지로 씌워줬다.

그럭저럭 세월이 흘러 진급을 해 얼마 전에 목사(목적도 없이 사는 사람)가 됐는데 어느날 갑자기 교회가 실증나 불교로 개종을 했더니 거기서도 하려한 경력에 탄복, 감투를 또 씌워 줘 현재는 지공선사(지하철 공짜로 타고 노약자석에 앉는 사람)로 활동 중이다.

며칠 있음 추석인데 걱정이다. 쌀이나 있으면 이웃집 검초네 시루를 빌려다 떡이나 해 먹을 텐데 나무가 없다.

전백련(전국백수연합회)30년 백민련(백수민족 연합회)생활 20년에 인생이 쩐이 전부는 아니라고 살아 왔지만 주머니에 그노메 품위 유지비가 바짝 쪼그라 들면 어쩔 수 없이 비 맞은 장닭 모습에 얼굴엔 철판을 깔고 신발 끈이 젤 긴 운동화를 신는다.

아주머니도 참

큰 암소를 끌고 가는 소년을 보고 귀부인이 물었다.

"어린 네가 소를 끌고 어디 가노?"

"윗마을에 있는 황소에게 교접 붙이러 가요."

"뭐라꼬? 그런 일은 네 아빠가 직접 하지 않고……"

"에이! 아주머니도……! 그일을 어떻게 아빠가 해요?"

남녀의 차이

미선이가 봉원이에게 떠들어댔다.

"남자는 우매해서 무슨 말을 하면 한쪽귀로 듣고 다른 한쪽 귀로 흘려버리거든."

그러자 봉원이.

"여자는 무슨 말을 하면 양쪽 귀로 듣고 한 입으로 흘리더구만."

맞는 말씀

호동이가 땅끝 오지마을의 학교에서 전교생 두 명을 가르치고 있었다.

중간고사를 치르던 날.

호동이가 전날 밤, 뭔 일이 있었는지 몹시 피곤해 하며 꾸벅꾸벅 졸다가 깜빡 깨어보니 두 녀석이 서로 답지를 돌려가며 컨닝을 하는 것이었다.

호동이 두 녀석에게 다가가 머리를 쥐어박으며 하는 말.

"이녀석들아, 전교에서 1.2등을 다투는 놈들이 이게 무슨 짓이야?"

키스1

수업 중 여학생이 선생에게 키스의 미학에 대해 묻는다.

"선생님! 남녀가 키스를 많이 하게 되면 몸이 움츠러 든다고 하는데 그 말이 사실인가요?"

선생, 한심하다는 듯.

"만약 그렇다면 지금쯤 나는 뼈와 가죽만 남았게?"

키스2

학생들은 점점 더 호기심 어린 질문을 해댔다.

"선생님은 언제 키스를 하나요?"

"응, 딱 두 가지야! 비오는 날과 비 안 오는 날!"

풍월한수

梧桐

梧桐一葉落 天下盡知秋 오동일엽락 천하진지추

오동 나뭇잎 하나 떨어지니 천하에 가을이 옴을 알 수 있도다.

이혼사유

검지미와 노훈아가 물침대 위에서 딩굴며 노닥거리는데, 훈아가 자기 발을 만지는 지미에게 묻는다.

"그거 누구 발~?"

지미. 코맹맹이 소리로.

"훈아 발~~!!!"

이번에는 훈아가 지미 발을 맛있게 빨아 주는데 지미가 묻는다. "그거 누구~발?" 그러자 훈아는 자기가 지미보다 연하인지라 말을 놓기가 미안혀서 존칭을 쓰느라~ 씨 를 붙인다.

"지미씨~~발."

다음 날 지미는 이혼소송을 냈다.

치한 퇴치법

여학교에서 성교육시간에 치한퇴치법에 관한 강의를 마친 선생님이 맨 뒤에서 쿨쿨 자고 있는 학생에게 질문을 던졌다.

"삼숙이 너~! 치한이 접근할 때 어떻게 해야 되지?"

"예~ 일단 치마를 무릎 위까지 들어 올립니다."

선생님은 당황해 하며 다시 질문을 던졌다.

"그 다음엔?"

"그러면 그 치한이 다가 오겠죠? 그럼 치마를 팬티 라인 까지 더 올립니다."

선생님은 얼굴이 빨개져 물었다.

"그리곤?"

"재빨리 그놈에게 무릎을 꿇고 바지를 무릎까지 벗어 달라고 부탁을 합니다."

선생님은 화가 났지만 인내심을 갖고 다시 물었다.

"그리고는 어떻게 하지?"

"그 다음엔 앞만 보고 냅따~ 뛰어야죠! 바지를 무릎까지 벗은 그놈 보다는 제가 빠를 테니까요."

물주전자 오래들기 월드컵 대회

〈어느 남자의 물건이 가장 힘이 센가?〉라는 세계월드컵 대회가 한국. 중국. 일본 등 많은 나라 대표가 참가한 가운데 성대하게 열렸다.

우승 상금은 물경! 20만 달러가 걸렸고, 진행 방법은 남자의 물건 위에 한 되들이 물주전자를 걸고 오래 버티기였다.

1차 지역 예선을 어렵사리 통과한 각국의 내노라 하는 선수들이 다시금 숱한 경쟁자를 물리치고 최종 예선을 통과한 결선 진출자들은 모두 10명이었다.

드디어 궤~에~엥 하는 징소리와 함께 파이널 라운드가 시작됐고, 2분만에 네팔, 방글라데시, 우간다, 스리랑카, 토고 선수가 힘 한번 못 쓰고 줄줄이 무더기로 탈락되었다.

4분이 지나자 이번 대회의 강력한 우승 후보인 브라질, 러시아, 미국 선수가 아쉽게 탈락하고, 마지막으로 한국과 일본의 깡다구 선수와 와리바시 선수만이 혼신의 힘을 다해 용용한 자태를 하늘 높이 뽐내고 있었다.

한국 선수 옆에서는 그의 부인이 목이 터져라 응원을했다.

"쪼만 더! 쪼만 더, 쬐끔만 더 버텨!"

5분쯤 지나 자기 남편의 물건에 걸린 물주전자가 점점 밑으로 처지고 있음을 보고는 최후의 방법을 쓰기 시작 했다.

오직 20만 달러에 눈이 먼 부인은 자신의 치마를 냅따 걷어 올려 빨간 땡땡이 무늬의 빤쓰를 남편에게 보여 주었다.

그러자 옆자리 일본 선수의 물건이 갑자기 탄력을 받아 우쩍 일어나 위풍당당하게도 주전자를 하늘로 쭈~욱 올린 반면, 남편의 것은 여전히 바람 빠진 풍선이 되는 바람에 물주전자가 탁!하고 땅바닥을 향해 굴러 떨어졌다.

"애고, 아까워라! 20만 달러. 꺼이 꺼이……."

응원

초등학교 운동회의 백미 달리기 결승전.

대견하게도 아들 까치가 결승에 올랐다.

너무나 기쁜 까치 어머니의 외침이 운동장 만국기 사이를 비집고 하늘 높이 울려 퍼진다.

"까치! 까치! 우리 까치, 뛰어라! 뛰어!"

흥분한 까치 어머니! 마지막엔 아들의 성까지 넣어 더 큰소리로 외친다.

"조까치 뛰어라! 조까치 뛰어! 우리 아들, 조까치!

어떻게 말아요

어느 무지 더운 날, 청와고등핵교에 순자 선생님이 부임 첫 수업을 하고 있었다. 점심 시간 직후라 두환이, 태우 등등 꾸벅 꾸벅 조는 학생이 많았다.

순자 선생님이 교탁을 탁!탁! 치면서 말했다.

"졸지마."

그런데도 두환이를 비롯한 학생들은 여자 선생님이라 만만하게 본 건지 아예 대놓고 낮잠을 잤다. 선생님이 또 한번 경고사격을 했다!

"자지 말어! 자지 말란 말이얏!"

하지만 학생들은 끝까지 선생님 말을 무시하고 계속 잠을 잤다. 화가 머리 끝까지 뻗친 선생님은 크게 소리를 질렀다.

"선생님 말이 안 들리나? 자지 말란 말이야!"

그러자 영샘이 학생이 자리에서 벌떡 일어나 졸린 눈을 비비며 말했다.

"샘요! "어떻게 말아요? 지는요 아무리 해도 안돼예!"

남편의 저녁 밥

결혼하고 첫날, 남편이 회사에 출근을 했다.

신부는 저녁식사를 차려 놓고 기다리다가 남편이 퇴근하여 돌아오자 반갑게 말했다.

"여보, 어서 씻고 저녁 드세요."

그러나 남편은 식탁은 보지도 않은 채 말했다.

"아냐 난! 당신이면 돼!"

그러면서 신부를 안고 침실로 향했다.

다음 날도 그랬고, 그 다음 날도 또 그랬다.

그리고 그 다음 날, 남편이 집에 돌아와 보니 신부가 뜨거운 욕조에 들어가 있었다.

"아니? 당신 지금 뭐하고 있는 거야?"

"네 당신 저녁밥 데우는 중인데요."

복수

친구들과 함께 여름 휴가를 간 맹구가 숙소에 혼자 남게 되어 심심해지자 써빙을 하는 여종업원에게 추근거리기 시작했다. 그때 침대 곁에 있던 전화기의 벨이 요란하게 울렸다.

여종업원이 받고 나더니 맹구에게 말했다.

"왜 저한테 거짓말을 했죠? 총각이라더니 흥, 지금 당신 부인께서 방으로 막 올라 오시는 중이래요. 저도 이렇게 된 바에야 당신에게 복수하겠어요."

그리고는 옷을 훌훌 벗어 던지더니 침대 위로 올라가선 큰대자로 벌렁 누우며 말했다.

"자! 어서 올라오세요. 당신 부인이 이런 모습을 보고 뭐라 할지 모르지만 이게 당신이 거짓말을 한 댓가예요."

맹구가 당황스러워 막 도망갈려는 순간 다시 전화 벨이 울렸다. 이번엔 맹구가 받았다.

"네, 뭐라구요? 조금 전 전화는 잘못 걸린 전화라구요? 아! 예! 예!~ 감사합니다아~!"

맹구는 힘들이지 않고 소득을 챙겼다.

바디 랭귀지

아프리카로 신혼여행을 간 맹구.

콘돔이 필요해서 약국에 들어갔으나 말이 안통해 고심 끝에 바지 지퍼를 열고 물건을 꺼내 보여주며 카운터에 5,000원짜리 지폐 한 장을 내놓았다.

그러자 흑인 약사가 에개개! 하면서 바지를 벗더니 자신의 슈퍼 빅 싸이즈 물건을 척! 꺼내 보여 주고는 자기가 이겼다는 표시로 V자를 그리며 카운터에 놓인 돈을 집어 가버렸다.

경상도 여자와 전라도 남자의 결혼

경상도 여자와 전라도 남자가 결혼을 하여 신혼여행을 갔다. 첫날밤, 신랑은 잽싸게 욕실에서 휘파람 불며~♬♪♩♪♬ 깨끗이 몸을 씻은 후 홀딱 벗고 침대에 누웠다.

그러자 경상도 신부가 애교를 떤다고 한마디.

"존내 나네예. (좋은 냄새 나네요) 킁! 킁!"

신랑은 속으로 뜨끔하여 고것을 그렇게도 허벌나게 씻었는디 먼노메 냄시가 아직도 난당가 생각하고 다시 욕실에 들어가서 한번 더 정성껏 씻고 나와 신부 옆에 누웠다.

신부는 또 코 끝에 힘을 주고, 닭살 애교를 떨었다.

"아까보다 더 존내 나네예!"

기분을 잡친 신랑은 아무것도 안하고 디비 잠만 잤다.

다음날 아침, 둘이서 썰렁하니 아침 식사를 하러 갔는데

신랑은 아무 말도 안하고 밥만 딥다 먹었다.

신부는 분위기를 좀 바꿔볼 기회다 싶어 또 애교를 떨었다.

"씹도 안하고(씹지도 않고) 잘도 묵네예!"

무정한 아들

아주 오랜 옛날 옛적, 롱롱 타이머~어 고우.

경상도의 한 마을에 방귀(一名. 쌍바위 골의 아우성)를 하도 허벌나게 뀌대서 별명이 방순이라는 여자 아이가 살았는데, 어느덧 과년하여 시집을 갔다. 그녀가 어느 날 아이를 등에 업고 시아버지 밥상을 차려 문지방을 막 넘으려는 바로 그 순간……. 그노메 방귀가 예민한 항문의 괄약근을 비집고 외부로 분출하려는 기미가 있어 사력을 다해 분문(똥구녕) 구석구석에 힘을 주어 땀나게 참으며 조심스레 밥상을 내려 놓으려는 그때, 뽕뽀로!~ 뽕뽕!!! ♬♪♩♬ 하고 그만 연발로 쏘프라노성 피리를 리드미컬하게 다단계로 불고 말았다. 얼굴이 화끈거리고 얼굴이 벌개진 며느리에게 시아버지가 물었다.

"아가야, 너 배 아프냐?" 그러자 며느린 시치미를 떼고 말했다. "아니요. 아기가 아까부터 속이 불편한지 방귀가 잦네요!" 며느린 부끄러운 순간을 모면코자 기지를 총동원하여 아기에게 떠 넘겼다.

그러자 슬그머니 화가 치민 아기가 물었다. "엄마! 내 배가 아프면 왜 엄마 방귀가 나오는 거야?"

똑똑한 바보

호동정신과 병원에서 열악한 환경에 저항하여 환자 3명이 탈출하기로 모의했다. 방법은 자전거를 타고 정문을 전 속력으로 돌격해서 통과하는 것이었다.

3명은 병원을 다 뒤졌지만 남자용 1대와 여자용 1대 겨우 2대의 자전거만 구할 수가 있었다. 3명은 머리를 맞대고 논의한 끝에 여자용 자전거 위에 남자용 자전거를 올려놓고 천막으로 덮은 뒤 끈기있게 10개월을 기다렸다.

드디어 눈 빠지게 기다린 10개월 후, 천막을 걷어 냈을 때 3명이 바라던 새끼 자전거는 어디에도 없었다.

좌절과 실망, 그리고 배신감에 사로잡힌 3명은 병원 내에서 제일 연장자이고 학식이 많은 대빵 환자를 데리고 와서 현장을 보여 주며 왜새끼자전거가 안 생겼는지 그 연유를 물었다.

대빵 환자는 심각하게 이리저리 살피더니 남자용 자전거의 바람 주입구 마개를 가리키며 말했다.

"이 바보들아, 첨에 쥬브 콘돔을 없앴어야지."

내시의 반란

조선시대 내시 김처선은 연산군의 정신적인 아버지였다.

그러나 날로달로 폭군으로 변해가는 연산군과 코드가 안 맞아 동료 내시들과 내통하여 거국적인 노조 결성으로 반정을 꾀했다. 그러나 도중에 연산군에게 발각되어 끝내 뜻을 펴지 못하고 무참히 죽었다. 하여 후대 내시들이 그 원인을 추적, 분석, 연구한 결과 다음과 같은 사실이 밝혀졌다.

첫째, 定款(정관)을 작성해야 하는데 精管(정관)을 작성할 수 없는 어려움이 있었고,

둘째 發起人(발기인) 대회를 개최해야 하는데 勃起(발기)가 안되기 때문에 대회 자체를 개최할 수가 없었으며,

셋째 노조를 구성하기 위해서는 각처로 다니며 궁녀들에게 事情(사정)을 해야 하는데 射精(사정)을 할 수가 없었고,

넷째 거국노조 결성 후 難關(난관)에 봉착하게 되었을 때 그 난관을 뚫어야 하는데 그 卵管(난관)을 뚫을 수 있는 해병 올챙이 돌격대(精蟲)가 없었기 때문이었다.

아리송해

눈(眼)에 눈(雪)이 들어가 눈물이 나니 그 눈물을 눈물(眼)이라 해야 할지, 눈물(雪)이라 할지 모르겠다.

창槍으로 창窓을 찌르니 그 구멍을 창窓구멍이라 할까? 창槍구멍이라 할까?

못장사네 못 사러가 못 사오면 못(釘) 사온 건지 못(不)사온 건지 아리송하다.

신혼을 회상하며

할아버지가 막 잠이 들려는데 갑자기 신혼시절의 무드에 빠진 할머니가 말을 걸었다.

"여보옹~! 그땐 내가 잠자리에 들면 당신이 내 손을 꼬옥 잡아주곤 했었지요옹~?"

할아버지는 마음이 내키지는 않았지만 손을 뻗어 잠시 잡아주고는 다시 잠을 청하는데 몇 분이 지나자 할머니가 다시 말했다.

"그런 다음 키스도 해주곤 했었지요옹~?"

할아버지는 좀 짜증 스러웠지만 후환이 두려워 살짝 키스를 해주고는 다시 잠을 청했다. 그런데 할머니가 또 말을 걸었다.

"그리고는 내 귀를 가볍게 깨물어 주곤 했었지요옹~?"

할아버지는 화가 나서 더 이상 못 참고 이불을 걷어차며 자리에서 벌떡 일어났다. 그러자 할머니가 따라 일어나며 물었다.

"당신 어디 가요옹~?"

할아버지의 대답.

"이빨 가지러!"

겨우 살려 놓았더니

부인이 비아그라(非牙口羅)를 구입하여 남편에게 주었다.

웬떡이냐 싶어 신바람이 난 남편은 의사의 처방도 받지 않은 채 서둘러 먹었다.

다음 날, 밤새 좋았던 남편이 그만 저 세상으로 가버렸다.

그러자 아내가 대성통곡을 하면서 푸념했다.

"죽은 놈 겨우 살려 놓았더니 산 놈이 죽어 버릴 줄이야~ 이구! 이구! 내 팔자야."

원점으로 돌아간 남편

매일같이 낮일보다 밤일이 허술하다고 마누라에게 핀잔 먹으며 밤이 무서워 눈치만 보던 남편이 생각다 못해 그 분야의 전문가인 청송산 검초도사를 찾아가 헬프 미 원 기브를 외쳤다.

검초도사가 남편의 딱한 사정을 다 듣곤 특유의 너털 웃음을 웃으며 희망의 메시지를 날렸다.

"오냐! 알겠따~ 잉! 걱정허덜 말그라! 너에게 다섯 번의 기회를 줄 테니 필요할 때만 빵! 하고 소리를 내면 너의 물건이 빵빵해질 것이니라. 하지만 다섯 번 이상은 써먹지 말그라~ 잉?"

"예~! 예~! 알겄구만유."

입이 귀에 걸리도록 찢어져 돌아온 남편은 다음 날 출근했다가 퇴근하는 길에 빨간 신호 대기에서 기다리는 중에 갑자기 검초도사의 말대로 정말 물건이 빵빵해질까하는 궁금증이 들어 시험삼아 빵!하고 소리를 질러 봤다.

그랬더니 과연 변광세가 부럽지 않을 정도로 물건이 빵빵해졌다. 그래서 신호등이 청색으로 바뀐지도 모르고 기분이 한껏 들떠 집에 갈 생각도 않고 머뭇거리고 있는데 별안간 뒷

차가 빵!하고 경적을 울렸다. 그 소리에 그만 남편의 물건이 다시 빵빵해졌다.

"이크, 클났다. 두 번이나 허비를 했으니…."

그래서 빵 소리 안나게 조심조심 집에 돌아온 남편이 드디어 잠자리에 들며 빵! 하고 소리를 질렀다. 그 결과 물건이 흠 잡을 데 없이 빵빵해졌다. 그러자 부인이 너무나 기뻐서 배시시 웃으며 말했다.

"여보! 오늘 웬일로 당신 물건이 이렇게 빵빵해졌지요?"

그 순간 빵을 다섯 번 모두 써먹은 남편의 거시기는 퓨르륵 ~ 바람 빠진 풍선이 되어버렸다.

싫다 싫어!

맹구가 고민 끝에 계룡산에서 영험하다는 마녀를 찾아가 사정얘기를 했다.

마녀님! 제 물건이 50센티인데 여자들이 너무 크다고 상대를 해주지 않아요. 그래서 의사한테 물어보니 현대의학으로는 도저히 작게 할 수가 없대요. 무슨 방법이 없을까요?"

마녀가 대답했다.

"내가 책임질 테니 그런 걱정일랑은 허~덜~덜~덜 말그라~잉! 수덕사 뒷뜰에 가면 20년째 수절 중인 과부개구리가 있을 것이니라. 그 개구리한테 가서 결혼을 신청해라. 그런데 그 과부개구리가 싫다고 대답하면 니 물건이 10센티씩 줄어들 것이니라."

맹구는 마녀의 말대로 했다.

"개굴아! 나와 결혼할래?"

개구리가 대답했다.

"싫어!"

순간, 맹구의 물건이 정말 10센티가 작아졌다. 맹구는 신기해서 다시 물었다.

"내가 행복하게 해줄게, 나와 결혼하자!"

과부개구리가 이번에도 싫다고 대답하자 또다시 10센티가 줄어들어 드디어 30센티가 되었다.

하지만 맹구는 아직도 너무 크다고 생각하며 10센티만 더 줄일 생각으로 다시 말했다.

"얘야! 그러지 말고 나랑 결혼하자 잉!"

개구리가 짜증이 나 외쳤다.

"싫어! 싫어! 싫다니까! 왜 자꾸 그러니?"

허거걱!

그 뒤로 맹구는 여탕엘 드나들어도 아무도 그를 남자로 알아 보지 못했다.

여포의 임종

임종을 앞둔 여포가 화타의 손을 잡으며 말했다.

"선생님! 죽을 죄를 지었습니다. 사실은 선생님을 속이고 선생님의 부인과 정을 통했습니다. 부디 용서해 주십시오."

화타는 여포의 등을 쓰다듬으며 말했다.

"그 일은 걱정하지 마시오. 내가 그런 사실을 몰랐다면 당신에게 독약을 먹일 까닭이 없잖겠습니까?"

그건 너무 어려워

울릉도와 독도의 중간쯤에 있는 줘이도라는 임자 없는 외딴섬에 사는 하룡이가 해변가를 거닐며 하느님께 기도를 드렸다.

"오 마이갓! 제 소원 하나만 들어 주십시오."

그러자 하늘로부터 거룩하고 웅장한 음성이 들려왔다.

"하룡아! 어서 말해보거라! 무엇을 원하느냐? 작은 마누라 얻는 것만 빼고 다 들어주마!"

하룡이는 무릎을 꿇고 두 손을 모으며 말했다.

"마이 갓, 줘이도에서 저 아오마쓰(青松)섬까지 다리를 만들어 제가 언제든지 자동차로 검초 님 댁을 오갈 수 있게 해 주십시오."

하느님께서 말씀하셨다.

"너의 믿음에 견주어 그 소원이 합당하긴 한데 그러자면 들어가는 게 너무 많구나. 우선 거리가 너무 멀고, 교각이 바다 밑바닥까지 닿아야 하니 콘크리트와 철근이 너무 많이 필요해. 그러니 하룡아~! 그런 거 말고 세상을 살아가는데 꼭 필요하다고 생각되는 소원 한 가지만 말해보거라."

"마이 갓~드, 그럼 제가 여자들을 잘 이해할 수 있게 해 주십시오. 여자들이 팩! 토라져서 며칠이고 말을 안하고 있을 땐 마음속으로 무얼 생각하는 건지, 왜 뭣땜시 툭하면 우는 건지, 신경쓰지마! 냅둬! 됐다니까!!! 라고 말할 때 그 말의 참 뜻은 뭣이며, 그 밑바닥에 깔려 있는 저의는 무엇인지, 어떻게 하면 잘 삐지는 여자들의 마음을 사로 잡아 행복하게 해줄 수 있는지, 그것이 알고 싶습니다."

그러자 하느님.

"얘! 그만!그만! 아오마쓰 섬까지 가는 다리를 4차선으로 해주랴? 8차선으로 해주랴?"

하느님의 의도

하느님과 아담이 에덴동산을 거닐며 대화를 나누었다.

"하느님! 이브를 왜 그렇게 예쁘게 만드셨어요?"

"그래야 네가 늘 그 애만 바라보지 않겠니?"

"그럼 왜 이브의 피부를 그렇게 부드럽게 만드셨죠?"

"그래야 네가 늘 그애를 쓰다듬어 주지 않겠니?"

"그런데 하느님 이브는 좀 멍청한 것 같아요. 왜 그렇게 만드신 거죠?"

"에구구. 이 멍충아, 그래야 그 애가 널 좋아할 거 아니냐?"

말(言) 말(馬)

암말이 죽자 숫말이 하는 말.
"할 말 없네."
엄마 말과 딸 말이 함께 있자 아빠 말의 말.
"할 말 안 할 말 가려서 해야겠네."
암말이 밤낮으로 바람을 피우자 숫말의 말.
"내가 할 말을 다른 놈이 하네."
혈통이 뛰어나 평생 교미만 하던 말이 죽기 전에 하는 말.
"아직 못한 말이 많은데……."

하마와 개미

개미와 하마가 우여곡절 끝에 뜨거운 정사를 벌였다

하마가 너무 흥분한 나머지 복상사腹上死하자 개미가 한숨을 쉬며 하는 말.

"尼己米! 평생 묘지만 파게 생겼네."

풍월한수

飛來片片

飛來片片 三月蝶 비래편편 삼월접 踏去聲聲 六月蛙 답거성성 유월과

寒將不去 多言雪 한장불거 다언설 醉或以留 更進盃 취혹이류 갱진배

날리는 눈송이는 춘삼월 나비 같고, 발 밑에서는 유월 개구리 소리 나네.

추워서 못가신다고 눈을 핑계대며 혹시나 머무를까 다시 술잔을 권하여 보네.

놀부와 스님

천하에 고약하고 더럽게 인색하기로 소문난 놀부가 대청마루에서 낮잠을 자고 있는데 한 스님이 찾아와서 말했다.

"주인장 시주 조금만 하시오!"

노랭이 놀부는 눈 앞에서 썩! 사라지라고 소리를 꽥! 질렀다. 그러자 스님이 눈을 지그시 감고 불경을 외우기 시작했다.

"가나바라 가나바라 안주면 가나바라……."

놀부도 씨부렸다.

"주나바라 주나바라 서 있다고 주나바라……."

불행 중 다행

몹시 더운 삼복의 여름날, 향단이와 격렬하게 사랑을 나눈 방자가 입을 열었다.

"앗따, 징하게 더워부네 잉! 이럴 땐 이열치열이라고 걍 뜨거운 코피라도 한 고뿌 땡겼으믄 기분이 째지것구먼 쩝!"

향단이가 말했다.

"알겄소~잉! 당신이 날 고로코롬 허벌나게 巨示其해줬응께 내가 휑하니 코~피 한 고뿌 타다 싸비스해줄 텡게 쪼께만 기다리쇼~잉!"

향단이는 알몸으로 일어나 코피를 88 끓여 왔는데 실수로 그만 평상에 누워 있던 방자의 巨示其 위에다 쏟고 말았다.

"으앗!!! 뜨거!!! 尼其米! 未處不去他!!!"

방자는 사타구니를 움켜 쥐고 뛰고 난리가 났다.

향단이는 방자의 거시기에 소독을 하고 붕대를 정성껏 감아주면서 말했다.

"거스기 그래도 천만다행이지라~잉!"

"엥? 뭐시깽이가 다행여?"

"고것이 그랑께, 다친 게 나였으면 붕대도 못 감을 뻔했지라~잉!"

어찌된 거야?

홍부 부부가 산에 나무하러 갔는데 그만 실수로 마누라가 연못에 빠져부렀다.

홍부가 꺼이꺼이 울고 있는데 펑! 소리와 함께 마운틴 갓~드(산신령)가 젊고 예쁜 여인을 데리고 나와 물었다.

"이 여자가 네 마누라냐?"

"아니올시다. 그 정도로 예쁘지도 않고, 키는 전완주 맹시로 난쟁이 똥자루 만합니다."

산신령은 여인을 놓고 다시 연못 속으로 뿅하고 들어가더니 이번엔 가수 이휴리를 닮은 젊고 어여쁜 여인을 데리고 나왔다.

"그럼 이 여자가 네 마누라냐?"

"아니옵니다."

산신령은 다시 풍덩 들어가더니 이번엔 정말 못생긴 진짜 홍부 마누라를 데리고 나왔다.

"예~ 바로 그 사람이 제 마누라입니다. 감사합니다."

홍부가 마누라만 데려가려고 하는데 산신령이 말했다.

"여봐라! 홍부야! 너는 예쁜 여자를 싫다하니 성격 참 별나구나! 이 두 여인도 데리고 가서 함께 살도록 하여라."

흥부는 입이 귀에 걸리게 찢어져서 돌아왔다.

놀부는 흥부에게 산에서 있었던 이야기를 듣고 마누라에게 등산을 가자고 꼬셨다. 그리고는 연못가에 다다르자 마누라를 연못에 떠밀어 처넣은 후, 산신령이 어여쁜 여자를 데리고 나오기만 기다리고 있었다.

한참 후, 산적같이 생긴 험상궂은 사내가 구름을 타고 나타나 바지 지퍼를 올리면서 말했다.

"어허! 오랜만에 객고를 풀었네."

그러자 놀부 마누라가 치마끈을 매며 뒤따라 나오면서 놀부한테 말했다.

"여보, 우리 등산 좀 자주 옵시다."

먼저 해야 할 일

시골 어느 마을에 가랭이가 찢어질래도 엉덩이뼈에 걸려서 더 이상 못 찢어지는 가난한 게으름뱅이가 살았다.

그는 매일같이 하느님께 기도를 드렸다.

"하느님! 로또복권에 당첨되게 해주세요! 제발 딱! 한번만 당첨되게 해주세요!"

그는 밥도 먹지 않고 잠도 자지 않은채 기도하고 또 기도했다. 그렇게 99일째, 그러나 폐인만 되었을 뿐 복권에는 당첨되지 않았다.

100일째 되는 날, 그는 너무나 지쳐서 마지막 기도를 했다.

"하느님! 복권 좀 당첨되게 해주세요. 이렇게까지 간절하게 기도하는데 안들어 주십니까? 너무 하십니다."

그러자 하느님이 말씀하셨다.

"이놈아! 일단 복권을 사거라! 그래야 기도를 들어주던지 할 것 아니냐?"

곶감 세기

곶감장수가 날이 저물어 예쁜 딸과 며느리와 시어머니, 셋이 살고 있는 외딴집에 찾아가서 하룻밤 묵기를 간청했다.

간신히 허락을 받은 그는 저녁을 배불리 얻어 먹은 후 일찍 자리에 누워 잠을 청하려 했으나 잠은 오질 않고 아름다운 세 여자 얼굴만 주마등처럼 오락가락 눈에 삼삼했다.

그는 끝내 딸을 가만히 불러 내어 말했다.

"나하고 한번 雜時多!!! 그 일을 하는 동안에 수를 센 만큼 곶감을 주겠소."

너무도 순진한 딸은 그만 꼬임에 넘어가고 말았다. 그래서 그 일을 시작하는데 숫처녀였던 딸은 불과 열도 세지 못하고 기절해 버렸다. 때문에 제대로 욕망을 채우지 못한 곶감장수는 다시 며느리를 불러내 똑 같은 제안을 했다.

남편이 방물장사 떠난 지 세 달이 넘도록 돌아오지 않아 독수공방 중이었던 며느리는 금방 꼬임에 넘어가고 말았다.

그리고 그 일을 시작 하자마자 숫짜를 셀 틈도 없이 흐으~응 ~끙!!!~ 오~ 오~ 메! 나 죽어! 하고 끝나 버렸다.

이 모든 일을 문 밖에서 엿듣고 있던 시어머니가 스스로 자청해서 방으로 들어갔다.

"바보같은 것들! 곶감을 얻을 수 있는 좋은 기회를 그리 허무하게 놓치고 말다니! 쩝!!"

곶감장수는 ♪♩♬ 마다할 리가 없었다.

그런데 한때는 산전수전 공중전에다 시가전과 게릴라전에 해외 원정전까지 경험했던 시어머니야말로 20여 년을 독수공방 신세로 지내온 터라 그 일을 시작하자마자 억! 하는 탄성이 나오는 것을 어쩌지 못했다.

그 소리를 들은 곶감장수는 벌떡 일어나더니 다짜고짜 시어머니의 따귀를 후려 갈기면서 소리쳤다.

"말할놈의 늙은이……, 아무리 곶감에 욕심이 생겨도 그렇지! 하나부터 안 세고 억부터 세는 법이 어딨어!"

사인死因

병원 시체실에 네 구의 시체가 들어왔다.

그런데 이상하게도 세 구는 웃고 있는 얼굴인데 한 구의 시체는 인상을 잔뜩 찌푸리고 있었다.

궁금하게 여긴 검시관이 물었다.

"아니! 시체들이 모두 웃는 얼굴인데 한 사람만 인상을 잔뜩 찌푸리고 있군요. 왜 그러지요?"

직원이 말했다.

"첫 번째 시체는 로또복권 1등에 당첨돼서 심장마비로 죽은 사람입니다. 두 번째도 심장마비인데 자기 아들이 전교 1등했다고 좋아하다가 충격 받아서 죽었죠. 세 번째 사람은 벼락을 맞았지요."

"참 특이하네요!! 벼락을 맞았는데 왜 웃죠?"

"사진 찍는 줄 알고 그랬답니다."

"네 번째 시체는요?"

"네! 배 타고 여행을 떠난 마누라가 실종됐다는 소식을 듣고 기뻐서 날뛰다가 아직 무인도에 살아 있다는 소식에 실망해서 그 충격으로 죽었답니다."

웃음의 만태

일소一笑 : 한번 웃어 버리는 웃음.

대소大笑 : 입을 벌리고 크게 웃는 웃음.

실소失笑 : 참을 수 없이 픽하고 터져 나오는 웃음.

목소目笑 : 살살 눈웃음치는 웃음.

망소妄笑 : 늙은 홀애비가 과부 생각나 망녕 떠는 웃음.

냉소冷笑 : 차디찬 웃음.

공소哄笑 : 떠들썩하니 크게 웃는 웃음.

고소苦笑 : 쓴웃음.

담소談笑 : 이야기 나누며 짓는 웃음.

교소驕笑 : 교만하게 웃는 웃음.

조소嘲笑 : 비웃음.

박장대소拍掌大笑 : 손뼉을 쳐 가며 즐겁게 웃는 웃음.

가가대소呵呵大笑 : 큰 소리로 깔깔 웃는 웃음.

미소微笑 : 빙그레 웃는 웃음.

썩笑 : 썩은 미소로 씨~익 웃는 것.

하하하下下下 : 사장이 부하 직원을 보고 웃는 웃음.

호호호好好好 : 노처녀가 총각을 보고 웃는 웃음.

헤헤헤惠惠惠 : 파도에 떠 밀려온 남자 보고 과부가 웃는 웃음.

해해해海海海 : 마누라 아양떠는 웃음.

허허허虛虛虛 : 욕심 없는 수도자가 웃는 웃음.

히히히熙熙熙 : 술 취한 년 전봇대 밑에서 엉덩이 까고 쉬하는 거 지나가던 총각놈이 보고 웃는 웃음.

후후후厚厚厚 : 도둑놈 한탕 하고 웃는 웃음.

흉흉흉凶凶凶 : 놈팽이의 음흉한 웃음.

응응응應應應 : 과부가 몸달아 웃는 웃음.

홍홍홍紅紅紅 : 애첩이 늙은 서방 몸달게 하는 웃음.

길길길吉吉吉 : 점쟁이 점칠 때 웃는 웃음.

흥흥흥興興興 : 흥부가 박 타며 웃는 웃음.

출출출出出出 : 사흘 굶은거렁뱅이 출출해서 웃는 웃음.

IMF

민심이 흉흉했다. IMF로 인해 나라 경제는 바닥이 나고 국민들의 살림이 도탄에 빠졌을 때 고위층 쥐 몇이 따뜻한 햇볕을 쬐며 흑와대 뒷뜰의 하수구 맨홀 뚜껑 위에 모여 앉아 머리를 맞대고 대책을 논의하고 있었다.

그때 김영샘 원로 쥐가 인상을 잔뜩 찌뿌프리며 말했다.

"내가 머라캤나? 임프(I M F)를 조심하라꼬 안캤나 말이다."

당황한 비서 생쥐가 곁에서 거들었다.

"각하 저… 임프가 아니라 아이 엠 에프입니다. 국제통화기금 이라고 하는……."

"치아라~마~!!! 내도 안다카이. 내가 안그카드나?
국제통화 너무 마이 하모 살림 거덜난다꼬!"

절도범과 강간범

절도죄와 강간죄로 잡혀온 두 죄수의 대화.

강간범: 당신은 무슨 죄로 들어 왔소?

절도범: 길가에 새끼줄이 있기에 주웠다가 여기까지 왔소.

강간범: 아니! 새끼줄을 주운 게 무슨 죄가 된단 말이요?

절도범: 새끼줄 끝에 소가 매달려 있었거든요. 그런데 당신은 무슨 죄로 들어 왔소?

강간범: 방에 엎드려 있다가 끌려왔지요.

절도범: 아니 방에 엎드려 있는 게 무슨 죄가 되나요?

강간범: 내 배 밑에 모르는 여자가 깔려 있었거든요.

그러면 불리해져

쫀득이가 쫀순이에게 임신을 시켰다.

당연히 온 동네는 발칵 뒤집혔고, 결국 쫀순이 엄마는 쫀득이를 고소하여 재판을 받게 되었다.

법정에 선 쫀순이 엄마는 울면서 말했다.

"판사님! 어떻게 이럴 수가 있나요? 이 어린 것에게 임신을 시켜 놓고 발뺌을 하다니요?"

그러자 피고석에서 듣고 있던 쫀득이 엄마가 벌떡 일어 나더니 쫀득이의 바지를 확 까내렸다. 그리곤 쫀득이의 오그라붙은 고추를 만지작거리면서 판사에게 따졌다.

"판사님! 보세요! 이 작은 것을 가지고 아이를 배게 했다고 하니 말이나 되는 소린가요?"

그러자 쫀득이가 엄마의 귀에 대고 소곤거렸다.

"엄마! 이러지마! 그걸 계속 만지면 우리가 불리해져."

기는 남편 위에 날으는 아내

날마다 요구하는 부인 때문에 항상 피곤해하던 남편이 성 클리닉 상담을 했다.

"선생님! 제 아내는 너무 섹스를 좋아해서 탈입니다. 날이면 날마다 요구를 하니 어떻게 해야 할까요?"

의사는 잠시 생각하더니 말했다.

"이제부터는 부인에게 돈을 받으십시오. 장소를 정해서 값을 다르게 말입니다. 용돈도 될 것이고, 비용이 많아지니 당연히 요구가 적어질 것입니다."

남편은 휘파람을 ♪♬♬ 불며 집으로 향했다.

집에선 부인이 이미 샤워를 마치고 기다리고 있다가 남편이 들어서자마자 바지를 벗기려고 했다. 남편은 예전과 달리 거부하지 않고 능글맞게 말했다.

"여보, 이젠 할 때마다 돈을 받아야겠어! 부엌에선 5만원, 거실에선 10만원, 화장실에선 15만원, 침실에선 25만원."

"흥 좋아요~!! 어쩔 수 없죠."

그리고는 지갑을 뒤적거려 25만 원을 꺼내 주었다.

신이 난 남편은 샤워를 하고 침실로 가서 부인을 불렀다.

"여보. 뭐해? 빨리 와!"

"왜 그러세요? 난 지금 부엌에 있어요. 이곳에서 5판 해주세요."

허거걱!

풍월한수

君子

君子 食無求飽 居無求安 군자 식무구포 거무구안

군자는 배 부르게 먹는 것을 바라지 않고 편안하게 사는 것을 구하지 않느니라.

헛 뱅뱅이질

옛날 장흥골에 긴長자 성을 가진 남정네가 살았는디 이노메 쉑이 성만 긴 것이 아니라 팔 다리도 육시라지게 길쭉 혔다. 그뿐인가! 팔 다리가 길쭉허니 코빼기 또한 아니 길 수가 없는 이치인데~ 이런 젠장 긴 것이 하도 많다 봉께 한 가지를 빼묵었네 그랴. 고것이 뭣이냐 허면 키 크고 코빼기 긴데 jog 빠질 수 있겠냐고? 당연지사 물건도 길쭉허니 양손으로 G고도 대구리가 남았응께 一尺은 足하리라.

옛말에 키 크고 싱겁지 않으면 배냇병신이고, 팔 다리 긴 인종치고 게으르지 않은 놈 없다고 혔는디... 그 말은 바로 이 장가놈을 두고 이른 말이렸다.

장가놈 게으르기가 오뉴월 축 늘어진 말좆 꼴새였는지라 남정네 일까정 도매금으로 떠 맡은 예편네 고생이 말이 아니었다.

그런데도 예편네 찍!소리 한번 내덜 않고 그 고생 다 참고 견디었다.

음! 참으로 알다가도 모를 일이라?! 그 이유인즉 장가놈 사대육신이 오뉴얼 늘어진 말 거시기라 했지만 그 중에 부지런한 것이 딱! 한 가지가 있었는디 고것은 두 말 허면 잔소리고,

세 말 허면 허리 아프고, 네 말 허면 공산당이라, 장가놈 게을러 터졌지만 천부적으로 육신 하나만은 변강쇠가 울고 갈 지경이었으니 마누라 짹!소리 못하게 하는 빠때루 솜씨 하나는 천하일품으로, 매일같이 고것 부지런허기가 장닭이 무색허고, 기운 쎄기가 개(ㅈ)이 성님~! 할 판이라.

그러니 눈도 코도 없는 것이 밤마다 밭을 갈아 제끼느라 사족을 써대니 낮에는 사지가 축 늘어지는 것이 당연지사. 그 예편네 찍!소리 않고 고생 참아 내는 것도 다 그런 야로였다.

그런데 세상에나, 하늘이 무너질 큰 변고가 터졌것다. 장가놈의 그것에 문제가 발발한 것이다. 과부집 부뚜막 드나들던 쥐새끼처럼 부지런하던 그 물건이 왜? 오뉴월 엿가락처럼 늘어졌을까~잉?

그 사연인즉 장가놈이 읍내 기생 설매허고 배를 맞춰분 것이었다. 음기가 승헌 설매가 장가놈의 물건이 좋다는 입소문을 듣고 살살 꼬드겨서는 지까진 것이 좋으면 월매나 좋을라고!? 반신반의하며 이부자리 깔고 배꼽을 맞춰본 결과, 갑자기 눈에서 불이 번쩍! 입에서 쌔가 낼름, 워야!~ 워야!~ 내 서방 워디 있다 인자 왔소? 게거품에 코울음까지 울어 대는디 장가놈 또한 제정신이 아니더라.

배에도 멍텅구리배와 호화유람선이 있듯 배라고 다 똑같은 배가 아니고, 옥문이라고 다 똑같은 옥문이 아니라. 이제껏 갈고 닦은 명기의 온갖 숨은 방중술을 다 발휘하며 요분질을 쳐대는디 천장이 빙글빙글 돌고, 사대육신 육천 마디가 찌릿찌릿 녹아내린다.

맨날 멍텅구리 배만 타던 장가놈 첨으로 꽃유람선을 타고는 배멀미에 정신을 차릴 수가 없었다.

이러니 예편네는 당연히 독수공방 찬밥 신세라.

사지에 맥이 탁! 풀리는 것이 일혈 기운을 잃었고, 승질대로면 당장 쫓아가 설매년 대갱이를 와드득! 잡아 뜯고 속곳도 발기발기 찢어 그년의 거시기를 다시는 못써묵게 참나무 말뚝이라도 박아 아작을 내고 싶은 심정이었지만 남정네 맘 돌리기만을 기다리며 매일 독수공방으로 구석에 찌그러져 있다가 인기척에 놀라 빼꼼히 밖을 내다 보니 이런 젠장할 서방놈 맘 돌릴 기색은 전혀 보이덜 않고 이젠 슬쩍슬쩍 부족한 곡식을 퍼내 들고 읍내 걸음을 하는 것이 아닌가!

서방 뺏기는 것도 분하고 원통헌디 개꼴 같은 살림에 곡식까정 축을 내니 더 참고 있다가는 설매년 밑구녕에 집안 살림까정 쓸어 널 판이라. 혀서! 맘 독허니 먹고 서방한티 눙깔 치뜨고 대들었것다. 근디! 장가놈 허는 말이

"구녕이라고 다 똑같은 구녕이라고 아는것 같구먼! 내! 참

말로 깝깝혀서...”

하고는 사정없이 떠다 밀며 방문을 차고 나간다.

마누라는 방구석에 쳐박혀 펑펑! 울다본께 장가놈 내 뱉은 말이 귓전에서 앵~ 앵~ 거리며 메아리를 친다.

‘같은 구멍이 아니면 그년 거시기는 워치기 생겼을까~잉!?’

아무리 생각혀도 워치께 달분지 알 수가 없어 고개만 갸웃거리다가 참말로 서방 말대로 그년 거시기가 달부다면 내것도 고년 것맹키로 돼야 쓰것다는 생각이 번쩍! 떠올랐다. 헌디! 대체 그년 것이 워찌 달분지 알 방도가 있어야제!

그래! 불입호혈 부득호자不入虎穴 不得虎子(호랑이 굴에 들어가지 않으면 호랑이 새끼를 얻을 수 없다.)라. 그래서 아구리 악물고 설매년를 찾아가게 되었는디 설매년 머리끄댕이를 홱! 나꿔채 땅바닥에 패대기를 치고 싶은 마음을 꾹꾹 눌러가며 우리 서방 홀린 고것이 내 것이랑 워찌 달분지 좀 갈차달라고 통사정을 혔다.

설매년도 양심은 있어 역지사지易地思之(입장을 바꾸어 생각함)로 남 서방을 꼬디겨 재미 본 것이 미안키도 혀서 그의 청을 들어 주기로 혔다.

혀서 설매가 묻기를 밤일 헐 때 워치께 하느냐 물으니 장가

마누라 왈,

"뭐시깽이여라우? 워치께 하기는 뭘 워치께 한당가~ 기냥 시키는대로 퍼질러 있으몬 자동 오토메틱으로 축음기판 돌아가는 것맹키로 올라갈 때 내려갈 때 서방이 다 알아서 하지라~잉~!"
한다.

"이런 썩을년! 허면, 참나무 장작깨비맹키로 뻣뻣하니 누워자빠져만 있었단 말이시?"

"지집이 그래야제. 노 젓는 놈 따로 있는디 내가 뭘! 워쩔것이요?"

설매는 기가 찬 얼굴로 쎄가 끊어지도록 쯔쯧쯧거리며 강의를 시작했다.

"이런 옘병헐 우라질 써글년! 참말로 답답도 허다. 시방부텀 나가 하는 것을 보고 잘 배워 보드라고요~잉!"

설매는 치마를 훌렁 걷어 올리고 속곳 바람으로 방바닥에 벌렁 누워서 말했다.

"여자가 남정네를 받자면 남정네 거시기가 편히 들게 두 다리를 요리 벌리고 있다가 물건이 지대로 자리를 잡았다 싶으면 그때부텀 본격적인 일이 시작되는 것이요. 요리키 궁뎅이를 살살 돌리는디 좌삼삼 우삼삼으로 쉬지 않고 쎄차게 돌려

대는디 요것을 소가 꼬리로 파리를 쫓듯 헌다고 혀서 소꼬리 뱅뱅이라고 허는 것이요.

그 다음이 궁뎅이를 좌우가 아니라 상하로 움직거리는디 요것은 소꼬리 뱅뱅 때보담 싸게싸게 흔들어야 쓰요. 이것을 쌀 일 때 조리질허디키 헌다 혀서 조리질뱅뱅이라고도 허는 것이요. 끝막음으로 물명태뱅뱅인디 물통에 갇힌 명태새끼가 정신 없이 튀고 돌고 박차고 허디끼 상하좌우 가릴 것 없이 미친 거맹키로 궁뎅이를 흔들고 돌리시요. 그럼 당신도 기술자라는 소리 들을 것이요."

장가 마누라는 실습까정 완전히 마스터혀서 집으로 ♪♬ 룰루랄라 돌아왔다. 그리고는 해 떨어지기를 기둘러 마실 나가는 서방 바짓가랭이를 붙잡고 살살 음기를 풍겨 대기 시작했다. 허나 설매년 사타구니에 흠뻑 빠져 있는 서방놈의 맘이 쉽게 동혈 리가 만무라. 서방이 꿈쩍도 안헌께 몸이 달은 마누라가 옷을 홀랑 벗어대기 시작혔다.

"얼래! 저 년이 미쳤다냐?"

쌩판 안허든 지럴을 해대는 마누라를 보고 장가는 첨엔 놀랬지만 옷을 홀랑 벗어뿐 마누라의 맨 몸뚱아리를 오랜만에 본께 맘에 불이 붙기 시작혔는디, 장가의 실한 물건이 정확히 목표 조준을 끝내고 포클레인으로 땅을 파기 시작허자 장가 마누라, 실로 오랜 만에 느껴 보는 만족감에다 궁뎅이 운전허는 것도 배웠것다 신바람이 나서 자기도 모르게 소꼬리뱅뱅이~! 소리를 질러대며 궁뎅이를 돌려대기 시작혔다.

"얼~랴? 요것이 워쩐 일이다냐~! 요 멍텅구리 같은 게 우찌키 요런 재주를 알았을까~잉!?"

마누라가 변한 것이 놀랍고도 신기해서 기운이 솟고 이뻐보여 죽을둥 살둥 용을 써대는디,

"인자~! 조리질뱅뱅이!"

허고 또 소리를 질러대면서 궁뎅이를 위아래로 사정 없이 추슬러대기 시작혔다.

"워따메~! 요 멍텅구리가 참말 지대로 허네~잉!?"

장가놈은 신이 나서 숨을 몰아 쉬며 헐떡이는디,

"다음은 물명태 뱅뱅이~!"

마누라가 더 큰소리를 질러대며 실팍한 궁뎅이로 사정없이 요분질을 쳐대는디 장가놈~ 정신이 오락가락 하는 판에 마누라가 뱅뱅이를 너무 심하게 쳐대는 바람에 거시기가 쑥~! 빠지고 말았다.

헌디! 마누라는 그런 줄도 모르고 정신 없이 뱅뱅이만 쳐대고 있었것다.

마누라 허는 꼬라지를 물끄러미 내려다 보고 있자니 하도 기가 맥혀서 소리를 버럭! 질렀다.

"야! 二年아! 헛 뱅뱅이닷!!!"

(《태백산맥》 발췌 패러디)

풍월한수

兩人對酌

兩人對酌 山花開 양인대작 산화개 一盃一盃 復一盃 일배일배 부일배
我醉欲眠 君且去 아취욕안 군차거 明朝有意 抱琴來 명조유의 포금래

친구와 술을 나누는데 산에는 꽃이 피네.
한잔 한잔 또 한잔 술잔을 거듭한다.
술이 취해 잠이 오니 그대여 이만 돌아가게.
내일 생각 있어 또 오려거든 거문고 안고 오게나.

말 놓으세요

절벽에서 이문세가 떨어지려는 순간! 전직 수사반장이었던 최불암이 간신히 붙잡고 물었다.

"아우님! 괜찮으십니까?"

평소 어른 공경심이 투철한 이문세.

"형님! 말 놓으세요."

최불암이 머뭇거리며 확인했다.

"진짜 말 놔도 됩니까?"

"그럼요, 놓으셔도 됩니다.

"그래? 그럼 자 놓네. 조심혀!"

최불암이 붙잡고 있던 손을 놓자 이문세(별명:말)는 절벽에서 떨어졌고, 그 뒤로 문세를 본 사람은 아무도 없었다.

삶과 인생

하룡이가 쓸데없이 조숙하여 열 살 무렵에 가출해서는 인생이란 무엇인가? 삶이란 과연 무엇인가? 라는 공자나 소크라테스조차도 감히 풀지 못한 철학적인 화두에 대하여 심각하게 고민하기 시작했다.

그래서 답을 찾으려고 고뇌와 번민의 나날을 보내며 번뇌와 갈등으로 노심초사했지만 병 속의 화두는 뜻대로 꺼내지 못했다. 결국에는 머리를 깎고 청송산 승검사로 들어가 검초도사 밑에서 10년의 불도를 닦으며 정진하였으나 그것도 말짱! 도로아미타불이 되고 말았다.

그래서 모든 걸 포기하고 기차를 타고 집으로 돌아 오는데 그때! 기차 안에서 '삶은 계란이나 오징어 땅콩!' 하고 외치며 물건을 파는 아저씨가 지나갔다.

'아뿔싸! 내가 10년 정진에도 찾지 못한 그 화두를 저 땅콩장쉬가 저리도 정확하게 알고 있다니…….'

하며 무릎을 탁! 친 하룡!

"그렇구나! 삶은 바로 계란이나 오징어 땅콩이었구나."

생쥐가 된 환자

평소에 자신이 생쥐라고 믿고 있던 사오정이 정신병원에 입원을 했다.

오랜 치료 끝에 드디어 완쾌되어 퇴원하는 날, 사오정은 의사에게 정중하게 인사를 하고 병원 문을 나가려다가 갑자기 몸을 움츠리며 물었다.

"선생님! 부탁이에요. 뒷문으로 나갈 수는 없을까요?"

"와 그라요?

"저기, 입구에 코양이가 낮잠을 자고 있잖아요."

"보소, 당신은 이제 생쥐가 아니잖소?"

의사는 화가 나서 소리를 버럭 질렀다.

그래도 불안한 사오정.

"그건 그렇지만 저 코양이도 그런 사실을 알고 있을까요?"

싸이코 독서 모임

검초 정신병원에 입원한 하룡이. 구름이. 생각이. 둔돌이 이렇게 넷이서 치료도 하고 친목도 도모할 겸 독서동아리를 만들었다.

드디어 처음 모이는 날, 한 회원이 어디서 구했는지 꽤 두꺼운 책을 가지고 와서 열띤 토론을 벌였다.

둔돌이: 형님들!~ 저는 이 책을 읽을 때면 숫자가 많아서 수학 실력이 쑥! 쑥! 느는 것같아 아주 유익하고 좋았어요.

구름이: 저는 이 책을 읽으면서 주인공은 많은데 형식이 너무 나열식이고 내용이 천편일률적이라 지루하고 무미건조하다는 생각을 했어요.

생각이: 무슨 소리야? 셀 수 없을 정도로 많은 등장 인물이 일목요연하게 정리되어 있어서 재미있고 읽기가 편하고 좋던데…….

하룡이: 본인 생각은 우선 이 책의 저자가 고심한 흔적은 알 수 있지만 말초신경을 자극하는 변강쇠, 어우동이나 카사노바 같은 등장 인물들의 色所(섹스)씬이 국정원 검열에서 완전 삭제된 점이 실망스럽고 따라서 흥미도 떨어진다는 생각입니다.

그렇게 한창 침 튀겨 가며 토론을 벌이고 있는데 눈보 간호사가 헐레벌떡! 뛰어와 말했다.

"느덜 또 원장실 전화번호부 책 가져 왔니?"

하필이면

한 대학생이 머리카락이 너무 없어서 고민 끝에 결심했다. 머리카락을 심기로…….

대학 4년간 열심히 아르바이트를 해서 드디어 졸업할 때쯤 그간 모은 돈을 다 털어서 머리를 심고는 아주 흡족해서 움츠렸던 어깨를 펴고 기쁜 마음으로 싱글벙글 고향집으로 갔는데 어머니가 맨 먼저 하시는 말씀.

"얘! 너 영장 나왔더라."

보급품

전쟁이 한창일 무렵, 보급품이 끊겨 병사들이 곤란을 당하고 있는데 보급품 장교가 말했다.

"지금부터 좋은 소식과 나쁜 소식을 전하겠다. 먼저 좋은 소식은 오늘부터 팬티를 다른 것으로 입게 될 것이다.

"우와!"

병사들은 한 달간이나 팬티를 갈아입지 못한 터라 기뻐서 고함을 질렀다.

"이번에는 나쁜 소식을 전하겠다. 자, 지금부터 옆사람과 팬티를 바꿔입는다. 실시!"

"우웩!!"

티코 수리법

고속도로에서 벤츠와 티코가 부딪쳤다.

벤츠는 살짝 긁히기만 했으나 티코는 형편없이 찌그러졌다. 티코 주인은 화가 나서 소리쳤다.

“당신이 잘못한 거니까 당장 수리비를 물어내시오.”

그러자 벤츠 주인이 대수롭지 않게 말했다.

“뒤에 있는 배기통에 입을 대고 쎄게 불어봐. 아마 짝 펴질 거야.”

그리고는 휑 하니 가버렸다.

티코 주인은 뭐 저런 個色己가 다 있어 라고 중얼거리며 혹시나 하는 마음으로 배기통에 입을 대고 후!후!훅! 불었지만 펴지질 않았다.

열 받은 티코 주인은 젖 먹던 힘까지 다해 얼굴이 보라색으로 변하도록 불어봤지만 역시 아무 소용이 없었다.

그때, 옆으로 지나가던 다른 티코 운전자가 가르쳐 주었다.

“아젓씨~! 그거 창문 닫고 불어야지요!”

Cba

의사가 멋져서

한 여자가 새로 온 의사에게 진찰을 받으러 갔다. 그런데 의사를 만나보니 진짜 텔렌트 빰칠 정도로 미남자였다.

의사는 여자의 등에 손을 대며 말했다.

"팔십 팔! 이라고 해보세요."

기분이 좋아진 여자는 산뜻하게 팔십 팔 했다.

"좋습니다. 이제 목에 손을 댈 테니까 다시 한번 팔십~팔! 이라고 말하세요."

여자는 의사의 손길을 좀 더 오래 느낄려고 파~ 알~ 씹~ 파~ 알~ 했다.

"네!~ 아주 좋습니다. 이제 가슴에 손을 얹을 테니까 다시 한번 말씀해 보세요."

그러자 이미 쇼크 직전에 이른 여자는 가쁜 숨을 몰아쉬며 세기 시작했다.

"하나 둘 셋 넷 다아섯 여어 섯……."

제 3 부

공자를 웃긴 유머

바디랭귀지 • 2

맹구가 러시아를 여행 중에 배가 고파 식당에 들어갔다.

말이 통하지 않아 뭘 어떻게 주문해야 할지 몰라 망설이고 있는데…….

그때 덩치가 헐크 같이 생긴 미국 사람이 들어오더니 카운터로 가서는 여자 지배인에게 바지 지퍼를 내렸다 올리곤 제자리로 갔다.

잠시 후, 그 미국인에게 나온 음식은 킹 소시지 한 개와 타조알 두 개였다. 그것을 본 맹구도 그 미국 사람과 똑같이 주문했다.

그러나 맹구에게 나온 것은 번데기 한 개와 메추리알 두 개였다. 哀口 哀口.

답안지

염라대왕이 세 명의 여자에게 시험을 보게 해서 성적에 따라 천국으로 보내기로 했다.

맨 앞자리에는 중국 여자, 그 뒤에는 일본 여자, 그 뒤에는 한국 여자 순으로 앉았다.

첫 번째 문제는 세계적으로 유명한 조각가로서 〈생각하는 사람〉을 조각한 사람의 이름을 쓰라는 문제였다.

중국 여자는 지체없이 路堂(로뎅)이라고 썼다.

뒷자리에 앉은 일본 여자는 앞을 슬쩍 보며 컨닝을 하는데 로뎅인지 오뎅인지 알 수가 없어서 五堂(오뎅)이겠지 하고 대충 썼다.

맨 뒤에 앉은 한국 여자는 양심학적인 차원에서 생각 해볼 때 뼈대 있는 집안에서 자란 사람이 남의 나라 여자와 똑같이 쓴다는 것은 매우 쪽팔리는 일이라고 생각해서 談富羅(덴뿌라) 라고 바꾸어 썼다.

두 번째 문제는 思二錄(샤이록)이 등장하는 色水皮魚(세익스피어)의 작품명을 쓰라는 것이었다.

중국 여자는 망설임 없이 〈配尼水의 商人(베니스의 상인)〉이라고 썼다.

일본 여자는 얼핏 보고는 저 여편네가 분명 貝尼水(페니스)의 한자를 몰라서 그렇게 썼을 거라고 생각하여 〈貝尼水의 商人(페니스의 상인)〉 이라고 썼다.

맨 뒤에 앉은 자존심 강한 한국 여자는 역시 똑같이 쓸 수 없다고 생각하여 순 우리 말로 〈고추장수〉라고 썼다.

풍월한수

生也一片

生也一片 浮雲起 생야일편 부운기 死也一片 浮雲滅 사야일편 부운멸
浮雲自體 本無實 부운자체 본무실 生死去來 亦如然 생사거래 역여연

생이란 한 조각 구름이 일어남이요.
죽음이란 한조각 구름이 스러짐이라.
뜬구름 자체가 본시 실체가 없는 것,
나고 죽고 오고 감이 모두 그와 같도다.

친척

모처럼 드라이브를 즐기던 부부가 사소한 일로 말다툼을 벌였다. 서로 말도 하지 않고 냉랭하게 집으로 돌아오는데 문득! 차창 밖으로 개 한 마리가 지나가고 있었다.

남편이 아내에게 빈정대며 말했다.

"당신 친척이잖아! 오랜만에 만나 반가울 텐데 인사나 하시지 그래?"

그러자 남편의 말이 떨어지기가 무섭게 아내가 창문을 열고 개에게 소리쳤다.

"안녕하셨어요? 시아주버니!"

죠지 브라운

벽강궁촌에서 어렵게 성장한 순자가 국제결혼을 하여 미국으로 시집을 갔다. 그녀 남편의 이름은 죠지 브라운이었다.

어느덧 세월이 흘러 순자 친정아버지의 회갑이 다가왔는데 남편은 사업이 바빠 며칠 후 회갑날에 오기로 하고 순자만 먼저 친정집에 도착했다.

그런데 죠지 브라운에게 갑자기 문제가 생겨 회갑 잔치에 올 수가 없게 되었다.

죠지는 이런 상황을 순자에게 알려야 하겠기에 산골 마을에서는 유일하게 전화가 있는 그 동네 이장 댁으로 전화를 걸어 서투른 한국말로 설명했다.

대충 요약하면 내 이름은 죠지 브라운이고, 사업상 급한 문제가 생겨 장인의 회갑에 참석할 수 없게 되었다는 내용이었다. 하지만 귀가 어두운 이장은 무슨 말인지 제대로 알아 듣지 못하고 조지 부러졌다는 내용이 핵심 내용이구나 생각하고는 OK! OK!만 연신 외치다가 전화를 끊었다.

그리고는 순자 친정으로 헐레벌떡 달려가서 순자 남편이 넘어지는 바람에 조지가 부러져서 못 온다고 한다 라고 전했다. 그 말을 전해들은 순자가 탄식했다.

"오매! 그것이 부러졌으면 이 노릇을 어찌 할끄나, 다른 데는 다 부러져도 살 수 있지만 그게 부러지면 난 못 살아."

옆에 있던 친정 아버지도 한마디 했다.

"尼其米! 나는 이 나이 먹도록 머리털이 다 빠지게 수십년을 써 먹었쌌어도 부러지기는 커녕 아직도 짱짱한디 젊은 놈의 것이 시원찮게 부러지기는……. 나원 참!"

부창부수

어느 일요일 아침!

부부가 대판 싸움을 하고 하루종일 말 한마디 하지 않았다.

밤이 되어 잠자리에 들면서 남편이 테이블 위에 메모를 남겼다.

'내일 아침 면접 시험이야. 6시에 꼭 깨워줘!'

다음 날 남편이 일어나 보니 8시가 훌쩍 넘었다. 화가 난 남편이 소리쳤다.

"여섯시에 깨워달랬잖아!"

"뭔소리에요? 여섯시에 깨웠잖아요!"

테이블 위에는 다음과 같은 쪽지가 놓여 있었다.

'6시에요. 어서 일어 나세요!'

연예인 나라 유람

옛날 주몽시대, 송일國이라는 나라 언저리에 송海 바다가 한눈에 보이는 張나라 라는 나라가 있었는데, 그 나라에는 북으로 백남峰이 있고, 남으로는 심수峰이 있어 남북의 맥을 이루며 동서 관문으로는 정우城과 독고城이 있었다.

그런데 독고城은 경계가 삼엄하여 함부로 들어 가지 못했다. 성에 들어 가려는 사람들은 반드시 張나라에서 발행하는 차인票를 사야 들어 갈 수가 있었다.

차인票를 배일集(지금의 출입국 관리 사무소) 입구에 있는 好童 장군에게 내밀고 성안으로 들어 가면 돌과 바위가 줄지어 있는데 그 돌의 이름을 유재石이라 하고, 바위의 이름은 먼 옛날 수사 반장으로 명성 높았던 최불岩이라 했다.

그 바위 양편으로는 유유히 흐르는 맑은 강물이 있는데 바로 허장江과 하리水였다.

6.26전만 해도 그 강에는 최무龍과 김범龍, 홍콩의 성龍, 그리고 안성의 하龍 같은 속세에서 꽤나 저명한 용들이 수시로 와서 놀다 가곤 했다는 전설이 전해진다.

하리水가 흐르는 계곡 위에는 송혜橋 라는 다리가 있고, 그 다리를 건너면 넓은 정園이 보이는데 그 좌우에는 전무松과

이무松이라고 하는 소나무가 우람하게 자리 잡고 있다.

주위엔 이덕花, 김미花, 장미花, 엄앵蘭 같은 꽃과 난들이 사철 만발해 있다.

그 사이를 양택鳥와 정미鳥 한쌍의 새가 아들 김병鳥를 데리고 노니는 모습은 가히 지상의 巴羅多而水 仙境이었다.

정園을 좀 지나면 張나라 최대의 방목장이 나오는데 여기서 방목되는 닭은 여운鷄, 돼지는 정형豚, 소는 권상牛와 이현牛로, 먼 훗날 이 가축들의 운명은 인간의 에이즈보다도 무섭다는 조류 독감, 구제역, 광우병으로 고깃값도 못한 채 수만 마리가 살처분되어 불귀의 객이 되었다.

지금도 독고城 밑에는 가축들의 넋을 기리는 天牛塚(천마총을 본땀)이라는 무덤이 있다고 전한다.

張나라에서 가장 돈이 많은 복부인은 주막을 운영하면서 酒食투자로 성공한 강富者다. 그리고 전원酒는 그 주막이 자랑하는 천일주로 유명하다.

한편 독고城 옆에 있는 유인村의 논두렁 길을 경운기 8차선으로 확장하고 대대적으로 발전시켜 뉴 타운 신도시가 탄생됐는데 그 이름은 以多都市라 했다.

분단국인 張나라는 항상 전雲이 감돌아 무기를 만들었는데 무기 이름은 이세槍과 손지槍이다. 미래의 신무기 설운刀와

장동鍵은 아직 연구 중 張나라 최남단 末亞島와 以魚島에서 나는 정부米와 주현米는 최고의 농특산물이다.

또 유일한 무역 상품으로는 초등서당 교재와 필기구로 구봉書와 조용筆이 물물 교역의 큰 몫을 차지했다.

풍월한수

勸學文

少年易老學難成 一寸光陰不可輕 소년이로 학난성 일촌광음 불가경

未覺池塘春草夢 階前梧葉 已秋聲 미각지당 춘초몽 계전오엽 이추성

년은 늙기가 쉬워 배움을 이루기가 어려우니
짧은 시간의 세월도 가히 가볍게 여기지 말라.
연못가의 봄풀은 아직 꿈에서 깨어나지도 않았는데
섬돌앞(뜰앞)의 오동나무잎새는 벌써 가을을 소리한다.

부부싸움

부부가 돈 문제로 부부싸움을 하게 되었다.

아내가 집안일을 하나도 하지 않고 모든 일을 하녀에게 시켜 지출이 많은 게 원인이었다.

남편: 당신이 요리만 배우고 청소만 잘한다면 하녀를 해고할 수 있어.

아내: 아! 그래요? 나도 당신이 침대에서 잘하기만 하면 정원사와 운전기사를 해고할 수 있어요.

목사와 총알택시 운전사

매우 방탕하게 살아온 총알 택시운전사와 목사가 죽어서 함께 천국에 갔다. 그런데 하느님께서는 목사보다 총알 택시 운전사를 더 많이 칭찬해주셨다.

기가 막힌 목사가 항의를 하자 하느님께서 말씀하셨다.

"너는 많은 사람들을 늘 졸게 했지만 이 사람은 많은 사람들을 기도하게 했느니라!"

럭키 세븐

최불암은 7층 아파트에서 산다.

어느 날 낮잠을 자다 꿈을 꾸었는데 그 내용이 도무지 생각이 나지 않고 다만 숫자 7 하나만 생각났다.

무심코 달력을 보니 77년 7월 7일이었고, 시계를 보니 바늘이 7시 7분 7초를 가리키고 있었다.

최불암은 '햐! 오늘은 분명 뭔가 되는 날이구나' 생각하고 전재산을 모두 정리해서 가지고 나왔다.

그때 마침 77번 버스가 오는지라 얼른 탔더니 과천경마장 앞에 서는 게 아닌가!

최불암은 이는 분명 신의 계시라 생각하고 경마장으로 들어갔다. 그런데 묘하게도 7번 경기가 막 시작되려는 찰라였다.

우와! 세상에 이럴 수가!

최불암은 벅차오르는 마음을 억누르며 7번 말에 자기의 전 재산 7억을 몽창 몰빵했다. 아! 그런데 그 옘병할 놈의 7번 말이 글쎄, 아흐흐흑! 7등으로 들어오는 것이었다.

범털이의 바람

한밤중에 변견 한 마리가 강남의 호화 아파트를 온통 휘젓고 다니며 소란을 피웠다. 골목길로 뛰어달리는가 하면 계단을 뛰어오르기도 하고, 지하실로 달려들어가기도 했다.

참다못한 맹구가 변견의 주인인 강부자를 찾아가 거칠게 항의를 했다.

맹구 : 보소! 댁의 범털인가, 곰털인가 하는 변견이 온동네를 미친듯이 뛰어다니며 소란을 피우고 있소!

강부자 : 캬~ 나도 잘 알고 있소.

맹구 : 그렇다면 목줄이라도 해서 잡아 놓던지 해야지 시끄럽고 불안해서 어디 잠이나 제대로 자겠소이까?

강부자 : 쪼매만 참아라, 곧 괜찮아 질끼다. 그놈아가 하도 바람을 피워쌌길래 내시견으로 맹글었드만 여기저기 약속을 취소하고 다니는 중 아이가!

어명

조선시대에 룡이라는 이조판서가 있었다.

어느 날 어전회의를 하는데 여러 중신들이 모인 자리에서 임금이 손가락으로 코를 후비는 것이었다. 보다 못한 룡 판서가 상소를 하였다.

"전하! 체통을 생각하셔서 문무백관들 앞에서 코 후비는 일을 그만 두시옵소서."

임금은 룡 판서에게 말했다.

"이게 얼마나 재미 있는데요. 경도 한번 해보시구려."

그날 저녁 룡 판서는 퇴궐한 후 저녁을 먹고 나서 낮에 있었던 일이 생각나 코딱지를 파냈다. 이것을 본 부인 애월이 깜짝 놀라 말했다.

"아니 대감! 체통을 생각하셔야지 지금 뭐하시는 겁니까? 아랫 것들이라도 볼까 심히 민망하옵니다."

그러자 룡 판서가 역정을 내며 근엄한 표정으로 말했다.

"어허! 어명이요! 어명! 당신도 함 파보세요. 아주 션해요!"

이사

옛날 청송의 검초 대감집 양쪽으로 왼쪽엔 생각이네 대장간, 오른쪽엔 구름이네 목공소가 있었다. 그래서 검초 대감댁은 쨍그렁 뚝딱! 어느 하루 한 시도 조용한 날이 없었다.

생각이네 대장간이 어쩌다 쉬면 구름이네 목공소에서 뚝딱! 뚝딱! 망치질을 하고, 목공소가 조용하다 싶으면 이번엔 대장간이 우지끈 뚝딱! 소리를 내었다.

검초 대감은 물론이고 식구들까지 그 소리에 시달려 넌더리가 났다. 그래서 검초 대감은 저것들이 이사를 가든지 아니면 우리가 이사를 가든지 해야겠어 하고 늘 푸념을 하였다.

그러던 어느날, 생각이가 와서 인사를 올렸다.

생각: 소인의 대장간이 이사를 가게 되었습니다.

검초 대감: 하~ ♪♬ 그거 참 듣던 중 반가운 소리로다!

검초대감은 기분이 좋아 이사 비용에 보태 쓰라며 돈냥이나 챙겨 생각이의 손에 쥐어 보냈다.

그런데 조금 있자 이번에는 구름이가 찾아왔다.

구름: 대감님! 저의 목공소도 이사를 가게 되었습니다.

검초대감: 하~ ♪♬ 그러냐? 오늘은 반가운 소리를 줄지어 듣는구나!

검초 대감은 역시 기분이 좋아 구름이에게도 이사 비용에 쓰라며 돈냥이나 줘 보냈다. 평소에 둘 때문에 여간 시달린 게 아닌데 한꺼번에 이사를 간다니 이처럼 반가운 일이 어디 있겠는가!

그런데 어떻게 된 일인지 분명히 둘이 이사를 간다고 했건만 다음날에도 여전히 쨍그랑! 쨍그랑!~ 뚝딱! 뚝딱~! 소리가 계속해서 오리지날 싸운드 트렉으로 귀를 때렸다.

검초 대감이 참다 못해 머슴 룡이를 시켜 알아보게 했더니 룡이가 다녀오더니 말했다.

"대장간집 생각이네와 목공소집 구름이네가 서로 집을 맞바꾸었다는뎁쇼."

검초 대감: 오잉 @#$%& ♨♨♨

바람핀 횟수에 따라

신동엽, 이혁재, 조형기가 동시에 천당 가기 전 중간 기착지인 염라국에 끌려왔다.

염라대왕이 조형기를 찬찬히 뜯어보며 물었다.

"너는 생전에 바람을 몇 번이나 피웠는고?"

형기가 뒷통수를 긁적이며 대답했다.

"네! 열 번쯤 피웠습니다."

"음! 너는 구형 50cc티코를 타고 천당까지 가거라. 그런데 브레이크가 고장났으니 R아서 가야 하느니라."

다음 이혁재에게도 똑같은 질문이 내려졌다.

"예! 저는 군대 가기 전날 실수로 딱! 한번 피웠습니다."

"음~! 그럼 너는 쏘나타를 천당까지 타고 가거라! 단 기름은 니 돈으로 넣거라!"

마지막으로 평소에 건전한 생활을 했던 신동엽 차례였다.

역전 뒷골목이나 미아리 텍사스촌같은 연탄 찍는 곳은 한번도 간 적 없고, 바람이라곤 선풍기 바람도 피운 적 없이 정조를 지킨 동엽에게는 에어 백은 물론 실내 수영장과 기사까지 딸린 5만 5천cc 신형 그랜저를 주면서 말했다.

"아가! 너는 이걸 타고 가다 맘에 안들면 하룡카 센타에 전화해서 자가용 비행기로 바꿔 타고 가거라."

그런데 동엽이 키를 받아들다 말고 난데없이 바닥에 엎드려 대성통곡을 하기 시작했다. 바로 염라국 궁궐 밖으로 땀을 뻘뻘 흘리며 스카이콩콩을 타고 지나가는 마누라를 보았던 것이다.

풍월한수

志學

子曰- 吾十有五而 志于學 三十而立

자왈- 오십유오이 지우학 삼십이립

四十而 不惑 五十而 知天命

사십이 불혹 오십이 지천명

六十而 耳順 七十而 從心所欲 不踰矩

육십이 이순 칠십이 종심소욕 불유구

공자가 말하기를, 내가 열 다섯이 되어서 학문에 뜻을 두었고, 설흔이 되어서 자립하고, 마흔이 되어서 미혹하지 아니하고, 쉰이 되어서 하늘이 준 운명을 알게 되었고, 예순이 되어서 남의 말을 들으면 그 도리를 환히 알 수 있게 되었고, 일흔이 되어서 마음이 하고자 하는바를 따르되 법도를 넘어 서지 아니하니라.

첨엔 다 그런거야

여성 편력에 끼까지 많은 바람둥이 개미 한 마리가 깊은 고민에 빠졌다.

'어떻게 하면 저 이웃집 수절 중인 과부코끼리하고 황홀한 거시기를 한번 해 볼까?

그러던 중 마침내 그 방법을 찾았다. 그는 일단 코끼리가 자고 있는 위치를 정확히 확인한 후 그 옆에 있는 높은 나뭇가지 위로 올라 갔다. 그리고는 코끼리의 거시기 부근을 조준하여 힘차게 뛰어 내린 후 땀을 삘삘 흘리면서 정신 없이 삽질에 들어 갔다.

그때 코끼리의 뒷편에 있던 원숭이가 개미色근의 어이 없는 모습을 보고 가소로워 혼내 줄 생각으로 야자열매를 힘껏 던졌다. 그런데 그 놈의 야자열매가 잘못 날아가 코끼리의 뒷통수에 정통으로 떨어졌다.

"아야! 亞巴! 亞巴!"

그러자 개미가 만족해 하며 하는 말.

"응!~ 아팠어? 첨엔 다 그렇게 아픈 법이야!"

세 가지 소원

어느 봄날, 박명수가 지리산에 나무를 하러 갔다가 옷이 찢어진 선녀를 발견했다. 그래서 정성스레 꿰매어 주었더니 선녀가 고맙다며 세 가지 소원을 들어주겠다고 했다.

입이 세숫대야만 해진 박명수는 얼굴은 유덕화, 몸매는 아놀드 슈왈츠 제네거 같이 해달라고 했다.

근데 세 번째 소원으로 마땅한 것이 떠오르지 않아 먼 하늘을 쳐다보며 고민을 하고 있는데 그때 마침 큰 소 한마리가 지나가는 것을 보고 거시기를 저 소처럼 해달라고 했다. 그렇게 해서 정말 소원이 이루어지자 아주 흡족해 하며 마을로 내려가기 시작했다.

산을 거의 내려올 때쯤 평소 자기를 업수이 보고 쌀쌀맞게 대했던 〈이쁜이처녀 가려뽑기대회〉에서1.2.3위를 했던 김원희. 현영. 하리수가 봄나물을 캐러 올라오고 있었다. 박명수는 자신의 용용하게 변모한 얼굴과 몸매를 보여 주었다.

그러자 그녀들은 띠~요~옹~! 튀어 나오는 눈알을 밀어 넣으며 옴메나! 꺅~! 꺅~! 괴성을 질러 대고는 옵빠! 옵빠! 어쩜 좋아~! 어쩜 좋아~! 하면서 싸인해 달라고 달려 들었다.

박명수는 너무나 반전된 자신의 운명에 극도로 흥분한 나머지 자기도 모르게 바지까지 훌러덩 벗어버리고 말았다.

순간, 김원희와 현영은 꺄~ 악!!! 기겁을 하고 뒤로 자빠졌고 하리수는, "어머~! 명수야! 너 어느 병원서 수술 받았니? 검초윗과니? 하룡윗과니? 나도 다시 복원수술 해야겠다, 얘!" 하며 부러워했다.

세 번째 소원을 말할 때 지나갔던 소가 암소였기 때문에 박명수의 거시기는 암소와 같았던 것이다.

서(?)

비행기 안에서 한 경상도 부부가 스튜어디스를 불렀다.

"뭘 도와 드릴까요?"

"저~! 약 따르게 컵좀 주이소."

스튜어디스는 서둘러 컵을 가져다 주고는 더 도와 줄 일이 없을까 하고 곁에 서서 지켜 보고 있었다.

남편이 약을 먹자 부인이 물었다.

"자기야~ 서?"

"아니 안 서……."

"그럼 더 마셔……! 어때? 이제 서?"

"응… 조금 서."

또 한 모금 마시게 한 후.

"어때? 이제 많이 서?"

"응! 많이 서!"

남편은 얼굴까지 씨뻘겋게 변해지면서 선(?)다는 거였다.

스튜어디스는 옆에 있기가 너무 민망해서 자리를 피하려 했다. 그러자 아내가 그녀의 손을 덥썩! 잡으며 말했다.

"저~ 차장 아가씨, 우리 남편이 입안이서(써)서 그러니 사탕 하나만……."

색골계色骨鷄 이야기

이름이 색골계라는 정력이 엄청난 수탉이 있었다.

농장에 있는 암탉을 혼자서 다 건드리고, 닭뿐 아니라 개도, 돼지도, 소도 다 건드리고 다니는 바람에 안 당한 동물이 없었다.

그 수탉이 아프리카를 여행 할 때에는 암컷 코뿔소에게 끈질기게 구애한 끝에 현지 처로 삼은 적도 있었다.

그 가공할 밝힘증엔 주인 아저씨도 혀를 내둘렀다.

색골계는 이웃 농장에까지 원정을 가서 자신의 위력을 과시하고 새벽이 돼서야 이슬을 맞고 초췌한 모습으로 집에 돌아오곤 했다. 주인 아저씨가 걱정이 돼서 말했다.

"색골계야! 너무 밝히면 건강을 해친단다. 젊은 시절에 정력을 아껴 두어야지, 그러다가 내짝 날까 걱정이구나."

그러자 색골계가 말했다.

"아저씨, 괜찮아요. 제 방식대로 살게 기냥 냅두세요."

그러던 어느 날, 농장 뒷뜰에 색골계가 쓰러져 있었다.

숨은 쉬지만 눈을 감은 채 가슴과 허벅지 털은 다 뽑혀 속살이 훤히 드러난 반나체로 쭈~욱 뻗어서 움직이지 않았다.

주인 아저씨가 놀라서 외쳤다.

"아이구! 색골계야! 이게 웬일이냐? 드디어 올 것이 왔구나. 내 말을 안듣더니 니가 결국 이꼴이 됐구나!"

그러자 색골계가 다급하게 속삭였다.

"쉿~ 저리 좀 가욧! 지금 독수리를 꼬시고 있단 말예요."

전문대

결벽증이 심한 여자가 있었다.

그녀는 자신이 항상 최고라는 환상에 사로 잡혀 있었기 때문에 자기랑 만날 남자 또한 하늘이 무너져도 서울대 출신이 아니면 안된다고 생각했다. 학점도 만점이어야 되고…….

암튼 엄청난 중병에 걸린 그런 여자였다.

그러다 보니 나이는 벌써 39세, 내일이면 40이었다.

그런 그녀가 너무너무 마음에 드는 남자를 사귀게 되었다. 그래서 오랜 시간을 두고 서로 탐색전을 벌이던 어느날, 둘은 중국집에서 만나 여자가 먼저 진지하게 결혼 얘기를 꺼내자 그 남자도 더 이상은 도저히 참지 못하겠다며 물어 왔다.

"저 전문대도 괜찮겠십니꺼?"

여자는 순간 하늘이 무너지는 듯한 엄청난 충격을 받았다.

그러나 어쩌랴! 이미 미운정 고운정 다 들어 버린 걸. 이제 와서 찬밥 더운밥 가릴 나이도 아니고…

"할 수 없죠. 전문대專門大면 어때요? 서로 마음만 맞으면 되죠!" 그랬더니 이 개쉑이가 글쎄 아가씨의 젖을 사정 없이 문대어 (전문대) 완전 풀자루를 만들어 놓는 것이 었다.

개 · 쉑 · 이!

최신형 정조대

첫 번째 정조대에서 보기 좋게 실패한 카라칼라는 피를 토하고 쓰러졌다가 겨우 일어 났으나 다시 고민에 빠졌다.

이리 고민… 저리 고민… 고민에 또 고민, 그렇게 왕고민, 끝에 찾아낸 굿~아이디어~!

그건 최신형 정조대로써 기능을 말하자면 정조대 안에 남자의 양물이 들락거리면 그 자극에 의해서 무조건 싹~뚝! 잘라 버리는 첨단 시스템으로 설계된 거였다.

그리하여 아그네스에게 그 정조대를 채워 놓은 카라칼라는 마음 놓고 사냥을 가서 포획물이 많아 흐뭇한 마음으로 돌아왔다. 그리고 도착 즉시 성안에 있던 남자들을 모두 일렬 횡대로 집합!시킨 후 한놈씩 만져 보며 수작업 검열을 했는데 아뿔싸~!

글쎄! 우째 이런 일이! 세상에 믿을 놈 하나 없다더니 죄다 물건이 없는 것이었다.

세상에 이럴 수가!

카라 칼라는 그래도 끝까지 참고 검열을 해 나갔다.

그런데 삼풍백화점이 무너져도 살아난 사람이 있었듯이 거기에도 기적은 일어났다.

마지막 부르터스 한 놈을 검열하는데 그놈의 튼실한 양물이 손에 터~억 들어왔다.

너무나 대견해서 그놈을 치하하려고 물었다.

"음~! 그대 이름이 무엇인고?"

"…???!!!"

"이름이 뭐냐니까???"

"…???!!!"

"니 이름이 뭐냔 말이닷???"

"…???!!!"

"이쉑! 내말을 씹냐? 왜 대답을 하지 않는 거야???"

알고 보니 그놈은 혓바닥이 잘려 나가고 없었다.

시계

충청도 시골 어느 동네에 어렵게 사는 신혼부부가 있었다.

그날도 어김없이 그들은 열심히 일(?)을 하고 있었는데…

신랑은 새댁을 만족시키려고 온 몸의 기氣를 엄지 발가락 끝에 집중시켜서 혼신의 노력을 다해 갖은 용을 다 쓰고 있는데 갑자기 도둑놈이 들어와 벽에 걸린 재산목록 1호인 벽시계를 훔쳐 가려고 했다.

밑에 깔려 황홀경에 빠져 있던 새댁이 도둑을 보고는 소리를 쳤다.

"@#$%&!!!~??? 헉! 헉! 여… 여… 보, 윽! 윽! 시… 시계, 시계… 시계욧! 시… 시계……."

그러자 남편이 짜증을 내며 투덜거렸다.

"니미랄! 이 여편네가 시방 서방 죽는 꼴을 볼려구 지랄여, 지랄이! 이 이상 워떻게 씨게 허란 말여?!"

마음대로 안 돼

한 여사원이 단지 얼굴이 못생겼다는 이유 하나만으로 정리해고되고 말았다.

얼굴 때문에 남들 다 하는 찐한 연애 한번 못해 봤는데 직장에서조차 쫓겨나다니!

세상이 원망스러워진 그녀는 이런 삶을 살아서 뭐하냐 싶어 한강으로 나가 수심이 목까지 찬다는 팻말을 보고 뛰어 내렸으나 물이 줄어 발목까지밖에 차지 않는 바람에 자살마저도 실패했다.

차라리 여자들이 제일 무서워하는 밤길 인신 매매범에게 납치라도 돼서 남들이 당했다는 강간이라도 실컷 당해 남자들을 원 없이 경험해 보고 싶었다. 하지만 그녀에겐 그런 사치스런 기회조차 주어지지 않았다.

그녀는 그래도 신념을 갖고 남들이 절대 안 다니는 늦은 시각에 으슥한 골목들만 골라서 돌아 다녔다.

그런 어느 날, 마침내 하늘이 도왔는지 그녀에게도 기회가 왔다.

칠흑 같이 어두운 밤 한강 고수부지를 걷고 있는데 갑자기 봉고차 한 대가 다가오더니 그녀를 강제로 태우는 거였다. 그녀는 속으로 쾌재를 부르며 못이기는 척 봉고차에 올라 탔다.

그들은 꿈에도 그리던 바로 그 인신 매매범들이었다!

그것도 국제적 조직망을 가진 손가락 세 개 안에 드는…….

'아, 내가 드디어!'

잘하면 외국물도 먹을 수 있겠구나 싶어 무척 기뻤다.

그런데 얼마 못 가서 그 꿈도 곧 산산히 깨지고 말았다.

"얼굴이 뭐 이래? 뒷 모습하곤 전혀 다르잖아!"

불빛에 그녀의 얼굴을 본 인신 매매범 두목이 버럭! 성을 내며 소리쳤다.

"너 당장 내려!"

"싫어요, 안돼요.

그럴 수 없어요. 이 날이 오기를 얼마나 기다렸는데!

그러자 매매범들은 차를 세우더니 그녀를 막무가내로 끌어내리려고 했다.

하지만 의자를 붙잡고 결사적으로 늘어지는 그녀가 워낙 완강하게 버티는 바람에 결국 포기를 하고 말았다.

그러자 매매범 두목이 부하들에게 말했다.

"애들아~ 봉고차를 포기한다! 무조건 튀엇!"

스몰 사이즈

러시아의 옐친은 대통령에 취임하자마자 미국의 클린턴에게 직경이 30센티나 되는 어마어마하게 큰 콘돔 100만 개를 부랴부랴 주문했다.

우리에게는 이만큼 큰 사람이 이렇게 많으니 얕보지 말라는 시위였다.

한달 후, 드디어 미국 정부로부터 주문한 콘돔이 왔다. 그런데 콘돔 상자 위를 본 옐친은 눈물을 펑!펑! 쏟았다.

분명히 자신이 주문한 사이즈는 맞는데 그 옆에 〈스몰 사이즈〉라고 적혀 있었기 때문이었다.

이상한 병

천하의 바람둥이 초선이가 결혼을 앞두고 고민 끝에 산부인과 병원을 찾아갔다.

"선생님! 제 남편감은 매우 예민하고 세심한 성격이라서 분명히 첫날밤에 내가 숫처녀인지 확인할 것입니다. 그러니 긴급 조치를 해줬으면 좋겠어요."

난감한 표정을 짓던 의사는 순간! 무슨 생각이 떠 올랐는지 무릎을 탁!~ 쳤다.

"초선 님~ 굿!~ 아이디어가 한가지 떠 올랐어요. 아직 한번도 의학계에서 검증된 바 없고, 청력이 좀 떨어지는 불편함이 흠이있기는 하지만 본인의 고막을 떼어 이식 수술을 하면 아주 감쪽같이 첫날밤을 지낼 수가 있을 겁니다."

이리하여 고막으로 이쁜이수술을 하고 신혼 초야를 무사히, 스리슬쩍, 구렁이 담 넘어 가듯 넘겼는데 며칠 후, 신랑 녀석이 의사를 찾아 와서 걱정스레 물었다.

"마누라가 아무래도 불치의 병을 앓고 있는 것 같은데 어떡하면 좋겠습니까?"

"어떤 증세인데요?"

"예, 내가 마누라에게 뭐라 은밀한 말을 할라치면 그녀는 한쪽 다리를 쫙~ 벌리고는 '뭐요?! 뭐라구요?!' 한단 말예요. 왜 그러지요?"

떼돈 버는 법

졸지에 IMF 실업자가 된 최불암이 돈 버는 법에 대해서 공부를 하려고 책방에 들렀다.

불암: 떼돈 버는 법에 관한 책 없수?

주인: 있죠~!《한 달만에 10억 벌기》라는 이 책입니다.

불암: 파~! 아니, 이게~ 정말 가능해요?

주인: 그럼요~! 그런데 이 책과 꼭 같이 봐야 할 부록이 있어요.《감방생활 즐겁게 보내는 법》이라구….

억울하게 죽은 사람 베스트 포

달리는 시내 버스가 다리 위를 과속으로 질주하다 난간을 부수고 강물에 떨어져 많은 사람이 죽었다.

그 중에 가장 억울하게 죽은 사람 베스트 포를 뽑았는데…

4위 : 결혼식이 내일인 총각.

3위 : 졸다가 한 정거장 더 오는 바람에 죽은 사람.

2위 : 버스 출발하는데 죽을 힘 다해 달려와 간신히 탔던 사람.

1위 : 시력 나빠 69번 버스를 96번 버스로 잘못 보고 탄 사람.

中包의 10대 특징

1. 햇볕도 안 본 것이 시커멓고.
2. 고무줄도 아닌 것이 늘었다가 줄고.
3. 두더지도 아닌 것이 구녕 파는 덴 선수고.
4. 군인도 아닌 것이 건방지고 싸가지 없이 철모를 쓰고.
5. 대나무도 아닌 것이 마디가 있고.
6. 젖소도 아닌 것이 우유를 짜내고.
7. 예수도 아닌 것이 죽었다가 살아나고.
8. 뻔데기도 아닌 것이 딥따 주름을 잡고.
9. 오케스트라 지휘자도 아닌 것이 흔들어 대고.
10. 좋아서 만져 주면 은공도 모르고 핏대 세우며 성낸다.

하룡이 목욕탕에서 홀딱 벗고 검초에게 당하다

청송산 무생암에서 〈병 속의 새〉란 화두 하나로 30년을 용맹 정진하던 하룡 스님이 모처럼 월정 시내에 내려 왔다가 묵은 때도 벗길 겸 대중 목욕탕엘 들어갔는데...

물을 끼얹고 등짝의 때를 밀려고 하는데 팔이 닿지 않아 몹시 불편했다. 그때 마침 저쪽에 머리를 빡빡 깎고 좀 험상궂게 생긴 중대가리 소년(검초)이 있기에 헤어 스타일이 같다는 것에 동질감을 느껴서 말을 걸었다.

하룡 : 魚耳~! 까까머리 학생, 미안하지만 요짝으루 와서 내 등~ 좀 밀어 줄래?

검초학생 : (쭈악 째진 쌔뱅이 눈을 확~ 치켜 뜨고는) 니 뭐꼬? 건방진 쉑! 죽을라꼬 色쓰나? 어따 대고 반말이고, 반말이…….

하룡 : (순간 황당하고 기가 팍 죽어서) 나말야? 응~ 나는 중이야.

검초학생: 야!~ 임마!! 나는 中三이다. 中二가 어디서 죽을라고 쌕쓰고 지랄이고? 이리와 니가 내 등 미로!

만약 개하고 달리기를 하면 이런 말들이

1. 개보다 더 잘 뛰면: 개보다 더한 놈.

2. 개 보다 늦게 뛰면: 개보다 못한 놈.

3. 개하고 같이 뛰면: 개 같은 놈.

미띠불(__))

병명

나이 많은 하룡 할아버지가 치과병원 앞을 지나는데 창문에 '치통 완전 정복! 여러분도 이제 지긋지긋한 치통에서 벗어 나세요!' 라는 문구가 보였다.

검초 의사: (점잖을 빼며 거만스럽게) 어디가 불편해서 오셨습니까?

하룡 노인: (갑자기 바지를 훌렁 내리더니 엉덩이를 확~까 보이며) 이놈의 치통 때문에 왔소!

검초 의사: 下下下! 영감님! 그것은 치통이라 하지 않고 치질이라고 합니다. 옛날 허준 선생과 히포크라테스가 無生庵에 모여 동서양의 병명을 붙일 때 머리 부분의 상체쪽으론 통(痛)이라는 한자를 써서 두통, 치통, 견비통이라 했고, 하체쪽으로, 특히 생식기 부분의 병에는 질(疾)이라는 한자를 써서 임질, 매질, 생리질, 치질이라 했었지요.

하룡 노인 : (화를 벌컥! 내며) 이런 無食하고 돌팔이 같은 의사를 봤나!? 그럼 눈이 아프면 안통이고, 허리가 아프면 요질, 배가 아프면 복질이냐?

의문

철수가 눈이 휘둥그레져 엄마에게 달려와 물었다.

"엄! 엄마!~ 사람이 죽어서 하늘 나라에 들어 갈 때 손이 먼저야? 발이 먼저야?"

"응! 그건 왜?"

"지금 이층에서 가정부 아줌마가 오메~ 하느님! 나 죽네~ 나 죽어~ 오메~ 나 죽겄다~ 여기가 지옥이여? 천당이여? 그러면서 팔 다리를 부들부들 떨고 있는데 그 위에서 아빠가 하늘나라로 못가게 꽉 찍어 누르고 있거든. 근데! 엄마~ 가정부 아줌마! 힘 무지 쎈가봐~ 아빠가 땀을 뻘뻘 흘리면서 아줌마한테 쩔쩔매고 있어."

107번 째 맞선

40이 꼴딱 넘도록 결혼을 못한 김샌남과 김샌녀가 애월다방에서 맞선을 보기로 한 날.

샌녀, 오늘은 뭔가 잘해보겠다며 큰 맘 먹고 약속 시간보다 일찍 새옷 쪽 빼입고 그 남자가 오기만을 초조하게 기다리고 있는데...

망할놈의 인간이 간땡이가 붓다 못해 배 밖으로 튕겨져 나왔는지 약속 시간보다도 무려 한 시간이나 늦게, 그것도 청바지에 쓰레빠 찍찍 끌면서 어슬렁거리며 나왔다.

샌녀: 개쉐끼!~ 개새끼 키워 보셨어요?

샌남: 市八年!~ 18년이나 키웠어요.

샌녀: 이 새끼!~ 이 새끼 손가락 참 예쁘죠?

샌남: 이년이!~ 우리 인연이 있으면 다시 만납시다.

이들은 기약 없는 108번 째 맞선을 찾아 쓸쓸히 다방 문을 나섰다.

대!

최불암에게는 아주 나쁜 버릇이 하나 있었는데...

길에서 아는 여자 연예인을 만나면 쫓아가 일단 그 녀의 뒷통수를 냅따 때리고 보는 것이었다.

그날도 명동길을 가고 있는데 저만치 앞서 걸어가는 방실이의 뒷 모습이 보였다. 불암이 걸음을 빨리 해 그녀의 뒤로 바싹 다가서서 불이 번쩍 하게 뒷통수를 냅다 후려 갈겼다. 그러자 그 여자가 깜짝 놀라 '뭐 이런 色근가 다 있어?' 하면서 뒤를 홱! 돌아 보았다.

그런데 이게 웬일인가? 그녀는 방실이가 아니라 역도선수 장미란이였다.

"파~! 허거걱! 이거 정말 죄송합니다. 전 방실 씬 줄 알고 그만……"

장미란이 화를 버럭 냈다.

"아니 사람을 때려놓고 죄송하다면 다예요? 다냐구욧?"

불암이 머리를 긁적이며 말했다.

"그럼 제가 어떻게 사과를 드리는 것이……."

미란이 양손을 바지 주머니에 집어 넣고는 삐딱하게 서서 말했다.

“사과 따윈 필요 없고 몸으로 때우세요. 대! 대란 말이야!”

불암은 그날 두꺼비 같은 미란의 손바닥에 심한 뇌세포 손상을 입어 119신세를 져야 했다.

콩가루 집안

일가족을 태우고 시내를 과속으로 질주하던 승용차를 단속 경찰이 세웠다.

경찰: 과속에 신호 위반이지라. 면허증 좀 싸게 보여 주드라고~ 잉!

남편: 술을 쪼께 했드만 알딸딸하고 눈앞이 아리까리헌 것이 잘 안 보여서 그랬소... 한번만 봐 주드라고요~잉!!!

아내: (남편을 가리키며) 이 냥반, 아적까지 면허쯩이 없어서 그랑께요. 잘 좀 부탁하것소~ 잉!

시어머니: 옘병헐, 훔친 차로 운전해싸트만 내는 애시당초 이렇게 되뿌릴 줄 진즉에 알았제~ !!!

아들: 지는요, 아까 은행 털 때부텀 알아 봤지라~!

경찰: 워메! 이런 잡것덜 좀 보소~잉!

당신은 시방 그랑께로 과속에 신호위반에다 무면허, 게다가 차량 도둑질에 은행 강도질 까지 해번졌으니 내, 원, 참, 이를 우쩔끄나~ 잉! 무슨 죄명으루 쳐 넣야 할지 몰건네!

자위에 대한 학술적 고찰

어느 그렇고 그런 리서치 기관의 조사 결과, 남성들은 샤워를 하면서 70%는 콧노래를 부르고, 30%는 자위를 한다는 통계가 나왔다.

여기서 자위라 함은 한자로는 自慰라 쓰고, 그 뜻은 외롭고 괴로운 마음을 스스로 위로한다는 뜻이지만 여기에서는 용솟음치는 성욕을 주체하지 못하여 이성의 도움 없이 스스로 성기를 자극하여 쾌감을 맛 본다는 뜻으로 수음, 즉 다른 말로는 오지五指 놀이를 말한다. 다시 말해서 다섯 손가락의 신세를 진다고 하여 오형제 고 스톱이라고도 하며, 오나니, 좀 더 학술적인 언어로 표현하면 마스터 베이션이라고 한다.

아주 먼 옛날 변강쇠 시절로 올라가 보면 그 놈 용두질 한번 실하게 한다 했고, 새마을 운동이 한창이던 6~70년대에는 딸딸이 친다 라고 비하시켰다가 농촌 근대화 물결을 타고 기능적으로 말이 변하면서 경운기 운전이라 했다. 가장 최근의 신조어로는 스스로 自자와 영어 플레이의 앞 글자를 따서 혼자서도 잘한다는 뜻의 自플이라고 한다.

하~ 고것 참! 아무리 배우고 배워도 끝이 없네~그랴~!

하룡 이장의 공적

전라도에서 살다가 충청도로 이사온 하룡이는 학식은 별로 없었으나 마을 주민들로부터 항상 칭송이 자자한 관계로 주민들의 전폭적인 지지를 받아 5년 임기의 이장에 선출되었다.

그의 주민을 위한 헌신과 봉사 정신은 눈물겹도록 남달랐고 마을의 온갖 대소사와 궂은 일에 앞장서서 희생적으로 처리를 했는데…….

인간성 좋고 예의 바르고 거기다 어른, 애, 구별할 줄 아는 그에게 딱 한가지 결점이 있었으니 일자무식으로 문교부 혜택이 부족하여 논리 정연한 연설을 잘 못하고, 말을 더듬는 것이었다.

어느 날 저녁, 그 동네에 집중 호우가 거시기 나게 쏟아지자 똥끝이 탄 하룡 이장이 신새벽에 일어나 동네 인근 전답들을 둘러 보니 침수 피해가 커질 것 같아 쌍방울 요령소리 나게 달려가 자고 있는 주민들에게 비상사태를 확성기로 알리기 시작했다.

"사창리 주민 여러분! 에~ 또 가설라무내 거시기 있잖유~ 어제 저녁나절부텀 거시기나게 쏟아진 폭우로 말유~ 우리 마을 인근 농작물이 아주 좋 됐슈~!"

그러자 화들짝 놀란 주민들이 손에 손 잡고 응급 복구작업을 한 끝에 무사히 하루를 보냈으나 계속되는 폭우로 그 이튿날 상황은 더욱 심각해졌다.

하룡 이장은 몹시 다급한 목소리로 다시 마이크를 잡았다.

"사창리 주민 어러분! 내 말 쪼께 들어 봐유~ 비가 거시기나게 와싸서 농작물 피해가 너무 크네유~! 긍께 내 솔직히 말혀서 어제 좆은 좆두 아뉴~!"

방송을 들은 주민들이 다시금 일치 단결하여 무난히 사태수습을 했는데…그러나 3일째도 하늘이 시루 밑바닥 구녕난 것처럼 비를 억시게 퍼부었다. 소. 돼지. 닭 개 같은 가축들이 떠내려 가고, 큰 나무들이 쓰러졌으며, 엎친데 덮친 격으로 산사태까지 일어나 마을의 전체 농작물은 거의 쑥대밭이 되고 말았다.

다시 하룡 이장, 착 까라 앉은 목소리로,

"사창리 주민 여러분! 거시기 뭐다냐~ 잉! 긍께 말유~ 쩝! 이러는 지두 속 터져 죽것시유~ 사흘 연짱으루 허벌창나게 내린 비땜시 말여라~ 시방까지 내린 거시긴 거시기두 아뉴~ 이제는 좆 가지고는 택도 없슈~ 다시 말혀 어림 반푼어치도 없다 이 말유~!"

하룡 이장이 이렇게 고군분투한 덕택으로 폭우 피해를 그나마 최소화 할 수 있었다.

화장실과 도서관의 3대 공통점

1 학문(항문)을 넓히고

2 학문(항문)에 힘쓰며

3 학문(항문)을 닦는다.

크레이지 클리닉 센터

검초 의사: 어디가 어떻게 불편해서 오셨나요?

하룡: 네, 제가 여자라는 생각에서 도무지 벗어날 수가 없어요! 무슨 좋은 치료 방법이 없을까요?

검초 의사: 언제부터 그런 생각을 하게 됐나요?

하룡: 그건 차마 말씀드릴 수가 …….

검초 의사: 말씀하시기가 곤란하시더라도 치료를 위해선 숨김 없이 모두 털어 놓으셔야 합니다.

하룡: 뒤로 생리… 하…할 때… 부터…요.

의사가 하룡의 바지를 훌렁 까내리며 검사를 하더니 지독한 냄새에 코를 막고는 인상을 잔뜩 찡그리며 자리를 박차고 일어났다. 그리고 차트로 하룡이 뒷통수를 냅다 후려갈기며 소리쳤다.

"짜샤! 가서 치질부터 고치고 왓!"

할머니와 손자

손자: 할머니~ 동생 것은 고추라고 하는데 그럼 내 것은 뭐라고 해?

할머니: 응~ 네껀 잠지라고 하지.

손자: 작은형 꺼는?

할머니: 응~ 그건 自知라고 한단다.

손자: 그럼 아버지 것은 뭐라고 해?

할머니: 그거야 좆이라고 하지

손자: 그럼 할아버지 것은요?

할머니: (한숨을 쉬더니) 그건 좆도 아니야, (그때 마침 초인종 소리가 나서 손자가 확인을 하니 할아버지였다.)

할머니: 얘야, 밖에 누가 왔니?

손자: 응~ 좆도 아니요.

생태적 이유

늦은 밤, 택시 잡기가 힘들어 우왕좌왕하고 있는데 빈 택시가 한 대 오자 거의 동시에 택시를 세운 남자와 여자, 양보심은 이미 물 건너 갔고, 서로 자기가 먼저 잡았다고 실랑이를 하다가 남자가 먼저 잽싸게 타버렸다. 그러자 열 받은 여자가 걸쭉하게 한마디 뱉는다.

"다리가 셋 달린 놈이라서 빠르기도 하네!"

그러자 남자도 지지않는다.

"니는 입이 두 개라서 말이 많은 거냐?"

순환의 법칙

여포: 화타 선생님! 우리 아들 녀석 여총이가 열이 나는 것이 아무래도 성홍열(제2종 법정 전염병)에 걸린 것 같아요.

화타: 너무 걱정 마시오, 내 이미 알고 있소이다. 어제 당신 집에 왕진 가서 치료하고 왔으니 며칠 간 다른 사람들과 격리시키면 될 것이오.

여포: 그런데요 선생님! 그 녀석이 내가 매일 애용하는 하녀 초선이와 키스를 했단 말이요!

화타: 그러면 하녀도 격리해야 할 것이오. 그리고 당신도 그 병에 전염됐을지 모르니 격리해야 하고…….

여포: 그리고 그 후 내 마누라 하고도 키스를 했는데 이 일을 어쩌면 좋죠?

화타: 허걱! 그럼 나도!? 이런 옘병할 쉑이! 그말을 왜 이제 하는 거얏!

품앗이

마누라가 외박을 하고 뻔뻔스럽게도 꼬랑지 빳빳하게 쳐들고 들어 왔다.

남편: 이 여편네가 간뎅이가 아예 배 밖으로 튕겨져 나왔군! 어디서 자빠져 자고 이제야 겨들어 오는 거얏?

아내: 으응~ 내 친구 경수기 남편이 죽었다고 해서…

하여, 남편이 확인을 해 보니 그 여자의 남편은 멀쩡하게 살아 있었다.

남편 : 아니, 이 여편네가 이젠 거짓말까지… 경수기 남편은 살아 있다고 하는데 무슨 씻나락 까먹는 소릴 하는 거야!?

그제서야 마누라는 꼬랑지를 사타구니에 감추며

아내 : 아니이~ 그게 아니구 경수기 남편 거시기가 죽어서 살려달라고 부탁하길래 살려 주고 오는 길이란 말이야.

남편 : 허거걱!!! 뭣이~~~ 어쩌구 어째???

아내 : 걱정 하지마! 당신 거시기도 죽으면 경수기가 살려 준다고 약속했어. 남편: 오잉???

추석과 크리스마스 사이

어떤 여자가 〈하룡문신〉간판을 보고 들어와서 말했다.

"저, 오른쪽 허벅지엔 추석이라는 글자를 멋지게 새겨 주시고요, 왼쪽 허벅지엔 크리스마스라는 글자를 아름답게 새겨 주세요.

하룡은 많은시간 땀을 흘린 끝에 정말로 누가 봐도 반하지 않고는 못 배길 정도로 멋지고 섹시한 문신을 완성시켰다.

하지만 세상엔 섹쉬하고 훌륭한 격언(?)도 많은데 왜 하필이면 이런 글자를 문신으로 새기는지 궁금해서 물었다.

"저~! 실례가 아니라면 왜 그런 문신을, 그것도 허벅G에 새기는지 여쭤봐도 될까요?"

그러자 그녀의 대답.

"우리 남편이 항상 입버릇처럼 추석이랑 크리스마스 사이엔 좋은 일이 하나도 없다며 늘 불만스러워 했거든요."

내친김에

비뇨기과 전문의 검제동은 18세 처녀와 결혼하려는 80세의 이경규 영감에게 도저히 부부로서의 행복을 누릴 수 없을 것이라며 한사코 말렸다. 그러자 경규 영감이 말했다.

"하지만 선생님! 어쩌겠어요? 이미 양가 상견례와 패물 교환도 했고, 전국 노털 클럽에 청첩장까지 모두 돌려 놨으니."

의사의 반대에도 불구하고 경규 영감이 부득부득 우기자 제동은 어쩔 수 없이 마지막으로 충고를 했다.

"영감님! 기필코 결혼하시고야 말겠다는 말씀이시지요?

그럼 아내 되실 분에게 친구도 만들어 드릴 겸 집에 하숙생을 하나 두도록 하세요. 그럼 두 분이 행복한 결혼생활을 하실 수 있을 겁니다." 그리고 몇달 후, 제동은 거리에서 경규 영감과 마주쳤다.

"영감님!~ 신색이 아주 좋으십니다? 부인께서도 안녕하시지요?" 그러자 경규 영감이 팔을 힘껏 들어 올리며 대답했다.

"안녕하다마다! 여부가 있겠소? 내가 임신을 시켰다오."

"그것 참 잘 됐군요. 제 말씀대로 하숙생도 두셨구요?"

"그러믄요. 내친김에 그 여자에게도 임신을 시켰죠."

아갸갸!!!

살아야 되나 말아야 되나

지리산 아랫마을에 사는 곰보 아가씨 미선이는 얼굴은 비록 곰보였지만 몸매 하나는 효리와 현영을 한데 뭉쳐 놓은 듯 아름다워 밤길에서 보는 그녀의 뒷 모습은 슈퍼 모델이 울고 갈 지경이었다.

그런 그녀가 어느날 어두운 밤길을 걸어 가는데 그녀의 뒷 모습에 반해버린 청년이 청혼을 했다.

"아가씨! 저와 결혼해 주세요. 당신의 뒷 모습을 보고 반했습니다."

그러자 그녀는 정색을 하며 거절했다.

"안돼요! 아마 제 얼굴을 보시면 무척 실망하실 거예요."

"아무래도 괜찮습니다. 곰보만 아니면……"

여자는 그 말을 듣고 너무나 충격을 받아 자살하기로 마음먹었다. 그래서 얼굴을 보자기로 둘둘 말고 영산강 나루터로 가서 뱃사공에게 말했다.

"아저씨! 뱃삯은 얼마든지 드릴 테니 저를 강 가운데까지만 태워다 주세요. 이유는 묻지 마시고……"

그러자 눈치 하면 9단인 뱃사공 호동이 하는 말.

"허~! 나이도 젊은 아가씨가 자살을 하려나 본데~ 세상사가 어디 마음 먹은대로 호락호락 이루어지겠소? 인생 선배가 하는 말이니 마음 고쳐먹고 웬만하면 참고 살아봐요. 곰보만 아니면…….”

So P

돗수가 상당히 높은 돋보기를 낀 70대 노인이 버스를 타고 아들네 집에 가던 중 So P가 마려워 추풍령 고갯마루 휴게소에 들러 급히 공중변소에 들어가 자기의 거시기를 끄집어 내어 변기에 처~억! 걸쳐 놓는 순간!

돋보기로 내려다 보이는 자신의 물건이 평소와는 달리 엄청나게 커 보이자 '음! 이것은 내 것이 아니구먼….' 하고는 누가 볼까 얼른 집어 넣고 그냥 나와 대기 중인 버스에 올라 탔는데…….

노인은 여전히 소변이 마려운지라 기사한테 99(구질구질) 사정하고 다시 화장실을 가면서 이번엔 혹시 몰라 돋보기를 아예 벗고 갔는데...

변기 앞에 서서 한참을 뒤적뒤적! 부시럭! 부시럭!! 지퍼를 내렸다 올렸다, 안절부절 두리번 두리번◐◑ 아무리 찾아 보아도 자신의 물건이 보이질 않자 생각하기를 '아~! 참~! 내가 집에서 물청소하고 말리느라 잠시 떼 놓고 왔나?' 불현듯 이런 생각이 들자 기사에게 급히 달려와 말했다.

"여보슈~! 젊은 기사 양반! 아무래도 내가 아침에 집에서 나올 때 巨示己를 떼 놓고 나온 것 같수~! So P가 급한데 잠시 집에 좀 다녀 오면 안될까?"

~!@#$%··&*()_+

풍월한수

花開昨夜雨

花開昨夜雨 화개작야우 花落今朝風 화락금조풍
可憐一春事 가련일춘사 往來風雨中 왕래풍우중

어젯밤 내린 비에 피었던 꽃이 오늘 아침에 벌써 져가네.
가련하다 한때의 좋은 봄 일들이 비 바람 속에 쫓기어 오가는구나.

비상용 손잡이

아버지와 아들이 함께 목욕탕엘 갔다. 옷을 벗으면서 아들이 자기 고추와 아버지의 물건을 비교하며 말했다.

"아빠 고추는 왜 그렇게 크고 껍질이 벗겨져 있어? 아빠 건 아프리카 고추야? 까맣게 탔네?"

"임마! 벗겨진 건 더워서 걷어 올린 거야! 까만 건 썬텐해서 그런 거구…"

그 사이 아들녀석이 욕실을 한바퀴 돌고 오더니 말했다.

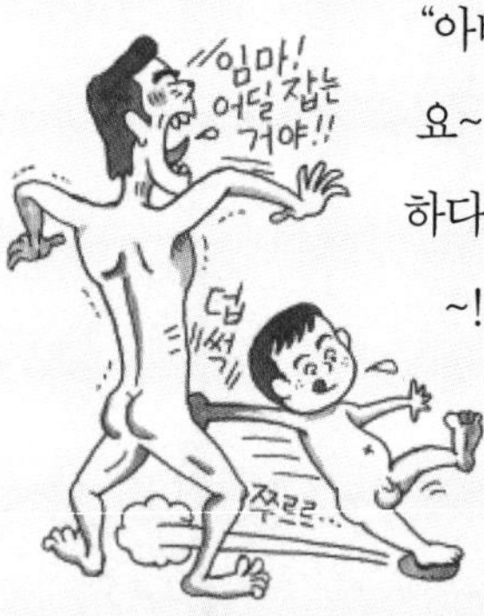

"아빠!~ 아빠!~ 저쪽에서 등 미는 아저씨 껀 요~만 하고, 저쪽 대머리 아저씨 껀 이~따만 하다. 아빠 꺼보다 색깔도 더 까맣고 딥~따 커~! 함 가봐!"

"시꺼! 임마! 다음부터는 느그 엄마하고 다녀! 알겄냐?"

"아이참, 아빠는 내가 뭐 아빠가 좋아서 같이 다니는 줄 알아요? 미끄러지면 엄마는 잡을 게 없잖아요!"

"헐!!!"

잠시 후, 아버지가 온탕으로 들어 가서는 아들을 불렀다.

"으~ 아~! 시원해라~~! 너도 빨리 들어오너라~!"

"뜨겁지 않아요?"

"아니다. 시원하다."

그러자 아들이 욕탕 안으로 다이빙 하듯 퐁당! 뛰어 들었다가 화들짝! 놀라며 소리쳤다.

"앗! 뜨거워! 尼其米 足可治 世上에 믿을 놈 하나도 없네!"

목욕을 마치고 부자가 집에 돌아오니 마누라는 시장을 갔는지 집이 텅 비어 있었다.

배가 출출하게 고프던 차라 아버지가 아들에게 2천 원을 주면서 빵 을 사오라고 시켰다. 그리하여 가게에서 도너츠 다섯 개를 사다 부자지간에 서로 허겁지겁 먹기 시작했는데 여기에서 또 사건이 터졌다.

두 개씩 나눠 먹고 한 개가 남았는데 부자가 서로 먹으려고 호시탐탐 기회를 노리다가 아버지가 잽싸게 집어 입에 쏙 넣어 버렸다. 그리고는 불만에 차 있는 아들을 보니 좀 미안한 생각이 들어 풀어줄 요량으로 말을 걸었다.

"얘야! 너도 두 개 먹으니 배 부르쟈?"

"니미랄! 두 개 먹은 놈이 배부르면 세 개 먹은 놈은 배터져 죽겠네!"

"너! 호로시키맹키로 말버릇이 그게 뭐냐? 아까 목욕탕에서

부터 참았는데 도저히 안되겠다. 노무시키!! 바지 벗엇!"

이렇게 해서 회초리로 아들의 엉덩이와 종아리를 몇 대 때리고 있을 때 마누라가 들어서면서 그 광경을 보았다.

"아니! 당신 너무 하잖아요? 그 어린 것이 뭣을 얼마나 잘못 했길래 자기 새끼 아닌 것처럼 그렇게 때려요?"

그러자 아들이 말했다.

"엄마는 사정을 모르시면 가만히 계세요. 모두가 소자의 잘 못으로 이러는 겁니다."

순간! 아버지는 '기특한 아들을 내가 너무 심하게 때렸나?' 후회되어 때리던 회초리를 꺾어 버리며 눈물을 글썽거렸다. 그러자 아들이 아버지의 머리를 쓰다듬으며 하는 말.

"짜~슥! 농담한 건데… 그만한 일로 울긴……. 사내가 눈물이 그리 흔해서야 뭣에다 쓰누?"

"이쉑이! 반성한 줄 알았더니 아니잖아! 더좀 맞아봐라!"

그러면서 이번엔 몽둥이로 패대니 마누라가 다시 나섰다.

"아이고! 이러다 애새끼 하나 있는 거 잡겠네, 제발 그만 좀 해욧!"

그러자 아들의 마지막 K.O펀치!

"임마! 때려라! 더 때려! 아니, 아주 패 죽여라! 죽으면 니 새끼 죽지 내 새끼 죽냐?"

곰바위

어느 마을에 시동이 안 걸려 10년 동안 밤마다 마누라 애만 태우는 농부가 있었다.

어느 무더운 여름날, 그가 산에 올라가 꼴을 베어 지게에 가득 지고 내려 오다 더위에 지쳐서 풀밭에 털썩! 주저 앉아 쉬는데….

헐!!! 공교롭게도 땅벌집을 깔고 앉았으니 이를 워쩐댜?!

때는 삼복더위로 헐렁한 삼베 반바지 차림이라, 땅벌에게 거시기를 무차별 공격을 받았다.

순식간에 거시기가 퉁퉁 부어 평소보다 굵기가 열 배는 넘었고, 통증의 고통 또한 눈물이 날 지경이었다. 하지만 고통과 아픔이 있으면 즐거움도 있는 법… 그날 밤 그 부부는 10년의 한을 풀었는데….

새벽에 일어나 보니 옆에 마누라가 없자 찾아 보니 부엌에서 시루떡을 쪄서 정성스레 담고 있었다.

남편: 여보! 꼭두 새벽에 무얼 하오? 잠이나 더 잡시다.

마누라: 당신 마침 잘 깼어요. 어제 당신이 땅벌에 쏘인 장소가 어디죠?

남편 : 곰바위 옆 큰 소나무 밑이요. 그런데 그건 왜 묻소?

마누라: 꼭 찾아가야 될 일이 생겼어요. 당신 좋고 내 좋은 일이니까 당신은 보고만 있구려.

이렇게 해서 마누라는 시루떡을 담은 광주리를 이고 땅벌 집을 찾아 곰바위 앞에 이르자 정성스레 꿇어 앉아 두 손을 모아 빌었다.

마누라: 땅벌님! 땅벌님! 정말 고맙습니다. 그런데 한가지 소원이 있습니다. 우리 남편 중간 다리 굵기는 해결되었으니 이제 길이만 해결해 주시면 땅벌님의 은혜는 머리털 뽑아 신이라도 삼어 드리고, 죽어서도 잊지 않고 결초보은 하리니 수고스러우시더라도 한번만 더 도와주시옵소서!"

제 4 부

이불 속에서 읽는 유머

왕개미 압살책

비 오는 달밤에 그대 없는 둘이서 물 없는 강변을 짧은 홑치마를 입은 40대 초반의 여인이 쓸쓸히 산책을 하고 있었다. 그때 갑자기 심한 뇨의를 느껴 급히 소변은 봐야겠는데 헐~! 이런... 젠장! 시골이라 공중변소도 없고, 하여 주위를 두리번 ◐◑ 거리다 할수없이 근처 풀밭에 들어가 볼일을 보았는데 거기서 그만 사단이 일어나고 말았다.

재수좋은 숫놈 왕개미 한마리가 박태환이 금메달 따듯 힘차게 오줌 줄기를 타고 여인의 은밀한 곳까지 침투하여 그곳의 예민한 속살을 사정없이 물어뜯은 것이었다.

아픔을 견딜 수 없었던 여인은 오줌을 누다 말고 펄쩍!펄쩍! 뛰면서 비명을 질러댔다.

그때 마침 그 동네 최 대감댁의 노총각 머슴 양락이가 그곳을 어슬렁거리며 지나가게 되었는데 어디선가 아이고! 떼고 나 죽겠다며 살려 달라고 애원하는 여인의 외마디 소리가 들려왔다.

양락 : 아주머니! 왜그러십니까?

여인: 아주머니고 나발이고 우선 나 좀 살려주시오!

양락 : 무슨 일로 그러시는데요? 어디가 불편하신 거죠?

여인: 풀밭에서 오줌을 누다가 내 그곳으로 왕개미 한 마리가 들어가 물고 뜯고 하여 미칠지경이라오! 어서 빨리 좀 살려주시오!

양락 : 남녀가 유별한데 개안겠소?

여인: 옘병할! 시방 사람이 죽을 판인데 그게 뭐 그리 대수요? 빨리 좀 서둘러 주시오.

양락: 그렇다면 한가지 방책이 있긴 하오만….

여인: 그게 뭬요? 급하니 어서 서둘러 주시오!

양락: 삽입 압살책挿入 壓殺策이라고… 혹!~ 아시오?

여인: 삽입을 하든지 압살을 하든지 난 모르는 일이오! 빨리 왕개미나 죽여 주시오!!!

덕보: 일 끝나고 설마 딴소리는 안하시겠지요?

여인: 그러다마다요, 지금 죽겠는데 그럴 리가 있겠소?

그렇게 합의를 하고 여인과 덕보는 풀밭에서 왕개미 죽이기 작업에 들어 갔는데 삽입 압살책이 적중하여 왕개미는 초토화되었고, 그 시신은 장마철도 아닌데 때 아닌 홍수(?)에 떠내려가 흔적도 없이 사라졌으며 독수공방으로 살아온 여인은

모처럼 발가락이 오그라드는 짜릿한 쾌감에 도취되어 풀밭에 널부러져 있다가 볼일 다 본 양락이가 훌쩍 떠나려 하자 그제서야 번쩍! 정신이 들어 흐트러진 머리와 옷매무새를 추

스리며 주위를 두리번◐◑거리더니 씩~! 웃으며 말했다.

여인: 멀리서 사정을 모르는 사람이 우릴 봤으면 十했다고 안하겠나? 하여간 너무너무 고마웠수~ 이 은혜를 어찌 다 갚을꼬~!

양락: 은혜랄 게 뭐 있겠소이까? 위급할 때 서로 도와야제!~ 언제 든지 또 이런 사고가 생기거든 꼭 연락 주시오!

여인: 총각!~ 연락하다마다 여부가 있겠수? ~♬♪

그런데 이런 일이 있은 후 그 여인은 왕개미가 들어가지 않았는데도 양락이를 수시로 호출하여 타이젬 9단바둑보다도 더 재미있다는 개미죽이는 삽입압살揷入壓殺 놀이를 즐겼다고 한다.

진공청소기

청소기 외판원 재석이가 출근 첫날 청송의 어느 외딴 농가의 문을 두드리자 팥죽 냄새 나는 꾸부정한 할아버지지가 문을 열어 주었다. 그러자 재석이가 단도직입적으로 말했다.

"할아버지! 제가 지금부터 할아버지에게 평생 잊지 못할 놀라운 사건을 보여 드리겠습니다!"

그러더니 허겁지겁 마당에서 흙을 한 삽 퍼다가 방바닥에 쫙~ 뿌려 놓으며 말했다.

"할아버지~ 저랑 내기를 하나 하시죠? 만약에 구름전자에서 나온 이 신제품 진공청소기가 이 흙을 모두 빨아 들이면 할아버지가 청소기를 한 대 사 주시고, 못 빨아 들이면 제가 이 흙을 모두 먹어 버리겠습니다. 할아버지! 어때요?"

그러자 할아버지가 무척 안됐다는 표정으로 재석이를 쳐다 보다가는 부리나케 부엌으로 들어가 커다란 숟가락 하나를 들고 나오면서 말했다.

"일마야!!! 안됐데이~

여기는 전기가 안 들어 온다카이!~"

관심 · 1

50대 초반의 부부가 다정하게 골프를 치러 다니다가 어느 날 큰 사건이 터졌다. 남편이 휘두른 아이언 골프채에 그의 마누라가 맞아 죽은 것이다.

여러 곳에서 친구들의 조문 전화가 쇄도했다.

그런데 전화 내용의 90% 이상이 그 나이에 마누라 잃고 혼자서 어떻게 살겠느냐, 마음 굳게 먹으라는 등등의 위로의 전화가 아니고, 몇 번 아이언으로 어디를 겨냥해서 휘둘렀기에 단박에 죽일 수 있었느냐? 라는 내용이었다.

관심·2

다음날, 그녀의 장례 기간 중에 일어난 일,

15층 고층 아파트에 살다가 자신이 휘두른 골프채에 맞아 비명에 간 마누라의 시신을 아파트 엘리베이터로 운구하는 것이 안쓰러워 계단으로 내려오는데 운구 도중 관이 벽에 쿵~ 하고 부딪쳐 그 충격으로 마누라가 다시 살아났다.

가족들 모두 기쁨에 넘쳤으나 그것도 순간, 깨어난 마누라가 30분 후에 아주 세상을 뜨고 말았다.

다시 계단으로 내려오며 남편이 '사~알살 사~알살… 조심들 하시고…….' 라고 말하자 사람들의 해석이 구구하였다.

고인을 정중히 모시라는 뜻인지? 아니면 먼저처럼 벽에 쿵~ 받치면 다시 깨어나서 골치 아파진다는 뜻인지 모르겠다는 거였다.

관심 · 3

위 사건에서 남편은 인심은 잃지 않았던지 장례가 끝나고 부의금 들어온 것을 세어 보니 모두 9천만 원이나 되었다. 부의금을 정리하고 돈 봉투를 탁! 치면서 그 녀의 남편이 던진 한마디.

"멋찐年! ♪♬~"

풍월한수

蠅頭細字

파리 머리처럼 작은 글자도 읽는다는 말로,
어버이의 건강하심을 기뻐하는 뜻으로 쓰인다.

具慶下 구경하 : 경사를 갖췄다는 뜻으로 양친이 모두 살아 계심.

嚴侍下 엄시하 : 아버지만 살아 계심=편부시하

慈侍下 자시하 : 어머니만 살아 계심=편모시하

重侍下 중시하 : 부모와 조부모가 모두 살아 계심.

永感下 영감하 : 영원히 슬프다는 뜻으로 양친이 모두 돌아 가심.

嚴妻侍下 엄처시하 : 마누라 궁뎅이에 꽉 찍혀 눌려서 쥐어 지내며 평생 큰소리 한번 못 치고 사는 남자를 이르는 말. 이 외에도 恐妻侍下 공처시하, 驚妻侍下 경처시하 등이 있음.

관심 · 4

이런 내용을 들은 남편의 친구가 저녁 늦게 집에 들어가 보니 자기 마누라는 남편이 온 줄도 모르고 영국산 뉴 햄푸셔처럼 허옇게 살이 찐 흐트러진 몸으로 드르렁~ 드르렁~코까지 골며 자고 있었다.

그러자 그가 내뱉은 한마디.

"이 질긴年아! 쩝! 누구는 마누라 죽어 새장가도 가고 부의금도 9천만원이나 챙겼다는데 니년은 왜 죽지도 않노?"

에라! 베락 맞을…….

기찬 성씨 일람표

千(천) 方(방) 池(지) 丑(축) 馬(마) 骨(골) 皮(피) 李(리)

文(문) 魚(어) 全(전) 卜(복) 芮(예) 明(명) 太(태) 鞠(국)

金(김) 張(장) 高(고) 秋(추) 薛(설) 於(어) 徐(서)

漁(어) 許(허) 吳(오) 扈(호) 阿(아) 河(하)

田(전) 夫(부) 趙(조) 智(지) 盧(로) 具(구) 羅(나)

메뉴판대로

방금 수술을 마친 의사가 식사를 하려고 식당엘 갔다.

메뉴판을 들여다 보다가 잠시 고개를 돌리니 아! 글쎄 식당 종업원 하룡이가 몹시 가려운 듯 똥꼬를 후비적~ 거리며 긁고 있는 게 아닌가.

직업은 못 속이는법, 의사가 물었다.

"치질 있습니까?"

그러자 하룡이 똥꼬를 긁다 말고 미안한 표정으로 말했다.

"손님! 죄송합니다만 메뉴판에 적힌 것 외에는 주문이 안되는 데요."

정치인

검초가 짜증이 잔뜩 나서 조또주점에 들어와 맥주를 주문하더니 혼잣말로 지껄여댔다.

"정치하는 놈들은 다 썩었어! 모두 거지 같단 말야!"

그러자 옆에 앉아 있던 하룡이 버럭! 화를 내며 말했다.

"여보슈~! 노형! 그 말 당장 취소하슈!"

하룡의 말에 순간 움찔! 당황한 검초는 아까보다 훨씬 수그러진 말투로 물었다.

"와예? 당신 정치가요? 직장이 국회의사당이냐꼬?"

"그보단 헐 낫소이다!"

"그럼 뭐하는 분이시오?"

"나는 거지요. 불쾌하니 정치가와 비교하지 마슈!"

김일병 아!! 조또

소령, 중령, 대령은 양주 처먹고….
소위, 중위, 대위는 맥주 처먹고….
하사, 중사, 상사는 소주 처먹고….
불쌍하다! 김일병은 막걸리 처먹고….

소령, 중령, 대령은 호텔방에서….
소위, 중위, 대위는 여관방에서….
하사, 중사, 상사는 여인숙에서….
불쌍하다! 김일병은 화장실에서….

소령, 중령, 대령은 미제 콘돔을….
소위, 중위, 대위는 일제 콘돔을….
하사, 중사, 상사는 국산 콘돔을….
불쌍하다! 김일병은 쭈쭈바 껍데기를….

엉큼한 남자 판매원

최고의 고급 원단을 판매하는 백화점에 늘씬하고 섹시하게 생긴 여자 손님이 들어왔다.

남자 판매원: kiss 한번 해주면 원하는 옷감 한 마를 드리겠습니다.

여자 손님: 그럼 열 마를 주십시요.

남자 판매원: (물건을 내 주고는) 계산(kiss열 번)을 해주셔야지요?

여자손님: (뒤를 홱!돌아 보면서) 계산은 뒤에 계신 우리 할머니가 할 거예요.

남자 판매원: 헉!!!

착각

영화 관람 도중에 지갑을 소매치기 당한 여자가 파출소에 신고하였다.

경찰: 지갑은 어디에 있었지요?

여자: 스커트 안 쪽 주머니에 있었어요.

경찰: 범인이 치마속으로 손을 넣었겠군요?

여자: 네!

경찰: 손이 들어올 때 왜 가만히 있었지요?

여자: 그 땐 그 사람의 목표가 지갑인 줄 몰랐어요.

국어선생 엄마

수영장에 놀러간 꼬마 아들이 엄마에게 물었다.

"엄마! 왜 어떤 여자는 젖통이 잇~따만 하고, 또 어떤 여자는 욧~따만 한 거야?"

아들의 당돌한 질문에 당황한 엄마가 적당히 둘러 댔다.

"아들아!~ 다음부터는 젖통이라 하지 말고 그냥 듣기 좋게 가슴이라고 하거라. 젖통을 한자로는 유통乳桶, 영어로는 베이비 밀크 박스, 일어로는 고도모 벤또, 순 우리 말로는 얼라 보온 도시락이라 한단다."

아들은 장황한 설명에 짜증을 냈다.

"내가 그거 물었어? 왜 박스 싸이즈가 다르냐니까?"

"음! 그건 말이다! 돈 많은 여자는 가슴이 크고, 가난한 여자는 작은 거란다."

엄마는 대충 얼버무렸다.

그런데 조금 있다가 아들 놈이 쪼르르~ 달려와 또 물었다.

"엄마~ 왜! 어떤 남자 물건은 잇~따만 하고 어떤 남자 물건은 욧~따만 해?"

말문이 막힌 엄마는 다시 얼버무렸다.

"아! 그건 말이지 똑똑한 남자는 잇~따만 하고 머리 나쁜 남자는 욧~따만 한 거란다."

잠시 후, 아들녀석이 헐레벌떡 뛰어 오며 소리쳤다.

"엄마~ 엄마! 아빠가 지금 돈 많은 여자를 보더니 갑자기 머리가 좋아지고 있어."

주점에서

모래먼지 흩날리는 서부 텍사스의 어느 주점.

젊은 총잡이가 심각한 표정으로 술을 자작하고 있었다. 그런데 그 옆에서는 늙은 주정뱅이 하나가 게슴츠레 풀어진 눈으로 그에게 시비조로 중얼거렸다.

"얌마! 내가 니 엄마랑 잤다! F h h h…."

젊은 총잡이는 들은 척도 않고 아무 반응 없이 술만 마셨다. 화가 난 주정꾼이 언성을 높였다.

"내가 니 엄마랑 잤다구! 쨔샤!!"

그러자 총잡이는 주정꾼을 힐끔! 쳐다 보더니 화를 참는 듯 연거푸 술만 입에 털어 넣었다. 주정꾼이 다시 끈덕지게 말을 걸었다.

"니 엄마! 몸매 죅이더라."

총잡이는 더 이상은 참을 수 없다는듯 싸늘한 눈빛으로 자리를 박차고 일어서며 말했다!

"아부지 많이 취하셨어요! 이제 그만 집에 가시죠!"

닭대가리 IQ

삼복의 어느 더운 날, 삼계탕집 주인 하룡이가 닭을 잡기 위해 닭장에서 한 마리씩 꺼내는데…….

그 중에 99단이 1단뿐이 없는 아프리카의 닭大可里國에서 팔려온 암탉 한 마리가 제발 살려 달라고 울면서 매달렸다.

암탉 : 주인님! 저는 어제 갓 결혼하고 임신 세 시간된 새댁닭입니다. 이제 홀몸도 아니오니 다른 닭들처럼 2세 계란이라도 낳아서 제 새끼들에게 젖이라도 한번 물려 보고 죽게 해주세요. 네?

하룡 : 좋다! 그럼 내가 내는 다섯 가지 수학문제만 알아맞추면 살려주겠다.

암탉: 캄사합니다! 이 은혜 계골난망이옵고, 제털 뽑아 털부채라도 만들어 드리겠습니다.

하룡 : 됐다! 문제나 잘맞춰라. 1 더하기 1은?

암탉: (상기된 표정으로 잠시 생각하더니) 1입니다.

하룡 : 엥!? 어째서지?

암탉 : 어젯밤 저는 그 이와 한 몸이 됐습니다.

하룡 : (씨~익 웃으며) 알쓰! 그렇다면 2빼기 2는??

암탉 : (음! 인간들은 IQ라는 게 있다 하드만 이번 문제는

난이도가 꽤 높다고 생각하며 이리저리 대굴빡을 있는대로 굴리더니 날개를 퍼덕이며) 합쭉이입니다.

하룡 : 오잉?! 어째서?

암탉 : 잇몸에서 이빨을 몽창 빼면 합쭉이가 아닌지요?

하룡 : 음~ 제법이군!! 세 번째 문제. 2 더하기 2는?

암탉 : (진땀을 흘리며 한참을 생각에 잠기더니 무릎을 탁! 치며) 네팔입니다. 수도는 카투만두고, 인류의 영산 세계 최고봉인 에베레스트산이 있는 나라입니다

순간 위기의식을 느낀 하룡이가 쩝! 닭대가리가 별걸 다 안다며 네 번째 문제를 냈다.

하룡 : 8 빼기 8은?

암탉: 네! 사람 몸에서 양팔을 빼니 팔병신입니다.

하룡 : 헐~! 아니 이럴 수가! 그래! 이제 마지막 문제만 맞추면 살려주겠다. 1988 곱하기 2002는?

(순간! 머릿속이 하얘진 암탉이 한참 하룡을 넋 빠진 달구새끼마냥 바라보더니 중대 결심이라도 한 듯 소리쳤다.)

"야! 이새꺄! 빨리 물 끓여! 죽는 게 낫겠다."

화장실 대화

불암이와 영구가 서울에서 부산으로 내려 가던 중 소변이 급해 대구 만남의 광장 공중 화장실에서 나란히 소변을 보는데 무심코 불암이가 영구의 그것을 힐끔! 쳐다 보더니 자신의 거시기를 탁!탁! 쳐 보이며 말했다.

"야~! 아놈아~! 나는 이렇게 편하게 서서 보는데 너는 젊은 놈이 그것을 쥐고 보느냐? 문 창호지라도 뚫을 한창 젊은 놈이…쯧쯧!"

그러자 영구왈,

"아자씨도 참! 잡은 손 놓아버리면 오줌이 콧구멍으로 들어간단 말이에요."

밥풀

슬하에 9남매를 둔 40대의 맹순 엄니가 애들은 바글거리고 가정형편은 찢어지게 어려워 그거(콘돔) 살 돈이 없자 궁여지책으로 이미 한번 쓴 걸 빨아서 재활용하며 알뜰하게 살았다.

그런데 그게 구멍이 나는 바람에 원치 않는 임신을 또 하고 말았다.

맹순 엄니는 낫 놓고 ㄱ 자도 모르는, 가방끈은 G꼬리만큼도 없는 그런 여자라서 거리의 그 숱한 산부인과 간판을 읽지 못하고 몇 시간째 돌아 다니며 애 긁어 내는 곳이 어디 있느냐고 길 가는 사람을 붙잡고 물으니 모두들 정신 나간 여자 아니냐며 그냥 지나쳐 버렸다. 그러던 중 마침 검초산부인과에서 나오는 한 아주머니를 붙잡고 이 근처에 애 긁어내는 병원이 어디 있냐고 묻자 그 아줌씨~ 바로 여기라고 가르쳐 주며 말했다.

"애 긁어내는 데는 무면허 검초산부인과보다는 요짝 길 건너에 새로 오픈한 하룡산부인과가 원장의 얼굴도 잘 생기고 최신형 수술장비 (기능성 놋쇠겸자. 티타늄국자. 초강력집게. 황금도끼. 전기톱 등등)를 갖추고 있어 어디로 보나 손색이 없지라이~. 게다가 오픈기념으로 수술비도 검초병원의 반값으로 할인해준다요."

그러면서 자기도 단골병원을 하룡산부인과로 바꿔야겠다고 수다를 떨었다. 그렇게 해서 어렵게 하룡산부인과를 찾아간 맹순 엄니는 의사 하룡에게 더 이상 입을 늘일 수 없는 가정형편을 이야기했다.

하룡: 아!~ 그럼~ 제가 무엇을 어떻게 도와 드리면 될까요?

맹순 엄니: 우선 애부텀 긁어 내주세유~.

하룡: 그 다음은요?

맹순 엄니: 그리고 다음은.. 아~! 왜~ 그... 뭐시다냐! 애 안 들어 서게 하는 수술있지유?

하룡: 네~ 임신 중절수술 말씀이시군요?

맹순 엄니: 히~ 난 그딴 어려운 말 무식해서 몰러유~ 기냥 애만 안 맹그러지게 해주면 되는구먼유~.

하룡: 그런 다음은요?

맹순 엄니: 우리 남편 소원 좀 풀어주세유~ 그러니께 저를 숫처녀로 맹그러주면 되는구먼유~ 거~ 뭐라더라? 이쁜이 리모델링 어쩌구 저쩌구 하는 거 있잖유~! 우리 남편 평생소원이 뭐냐면유~ 남의 (지)집이라도 좋으니 지금보다 좁고 아늑한 집에서 살다 죽는 거래유~.

하룡: 그래도 부인께선 슬하에 9남매나 두셨다니 부부 금슬

이 좋으신가 본데요 뭐!

맹순 엄니: 조킨유~! 介早知 早瓦有?~ 그 인간 자기 주제를 통 몰러유~ 글쎄! 자기 세간살이가 작은 건 모르고 집이 휑!~ 하니 쓸모없이 크기만 하고, 집안에 들어 서면 썰렁해서 오밀조밀하고 아늑한 맛이 없다고 늘 불평해유. 지놈 운전이 서툴어 시동 걸기 무섭게 전속력으로 달려버리니 삐걱거리고 썰렁할 수밖에 없지유~! 안 그류? 선상님!

하룡이 알았으니 이제 그만하고 수술대로 올라와 옷을 벗고 누우라고 했다.

캬~ 여기까진 그래도 좋았는데…….

맹순 엄니~ 매일같이 힘든 농사일에 땀 흘리고 목욕이라곤 작년 추석 이브 날, 그것도 동네 개천에서 대충 한 것이 고작이라 옷을 벗는 순간 우~웩! 오뉴월 조기 삭히는 냄새가 비공을 후벼 파고 들어와 뒷골을 후려 때렸다.

하룡이 오만상을 찡그리며 어디 가서 그곳 좀 깨끗이 씻고 오라고 하니. 너무 창피한 마음에 밖으로 뛰쳐 나온 맹순 엄니, 시내 어느 곳을 둘러 봐도 차들만 빵빵!~ 거릴 뿐 개천이나 씻을 만한 곳이 없었다.

난감하여 쩔쩔매고 있는데 궁하면 통한다고 저먼치 길 건너에 구멍가게 하나가 눈에 띄어 급히 달려가 쥔여자한테 창

피해서 뒷물한다는 소리는 車馬 못하고 마실 물 조끔 달라고 하자 이력차고 인심 좋은 쥔여편네는 찬물보다는 숭늉이 좋다며 한 바가지 퍼 주자 찬밥 더운밥 가릴 처지가 못 되는 맹순 엄니는 그 물로 잽싸게 뒷물을 하고는 다시 병원으로 달려가 옷을 벗고 수술 받을 준비를 했다.

그런데 하룡이 별안간 虛虛虛~!!! 늦은 봄 토담 무너지는 소리를 하며 한마디 씨부렸다~.

"내가 산부인과 의사생활 40년 했지만 거시기가 밥 먹고 수염에 밥풀이 이렇게 많이 붙어 있는 건 처음 보네."

하룡이의 초보운전

하룡이 운전면허를 따고 처음으로 티코를 사서 들뜬 마음에 경부고속도로를 거시기 나게 달리는데...

너무 스릴 있고 흥미로왔지만 완전 병아리 운전이라 무척 긴장되고 힘이 들어 입이 바짝바짝 마르고 등줄기에서 식은 땀이 비오듯 줄줄 흘렀다.

'아~! 이런 재미로 사람들이 광란의 질주를 하는구나!~'

이런저런 생각을 하며 달리고 있는데 갑자기 카 폰이 재지러지게 울렸다.

하룡이 황급히 카 폰을 받았다.

"여~ 여보쇼~잉!! 시방 정신 없당께~요! 긍께 싸게싸게 말씸 하드라고~잉!"

그러자 카 폰에서 마누라 애월의 걱정스런 목소리가 들려왔다.

애월: 여보쇼옹~! 시방 거~가 워디여라우~?

하룡: 긍께! 나~가 시방 고속도로를 쎄빠지게 달리고 있고만이라~잉! 그라서 누시깔이 뱅뱅 돌아삐는디 워치콤시로 전화를 하고 그래 싼당가?

애월: 시방 교통방송을 들었는디 말여라~ 잉! 티코 한 대가

고속도로에서 반대 방향으로 겁나게 달리고 있다고 허네유. 그 사람이~! 이녁(자기)이 아니믄 되았소~잉! 나~가 쪼께 걱정돼서 전화 했응께~ 이녁도 서툰 운전으로 싸가지없이 깝쭉대지 말고 조심혀서 돌아 오쇼~잉!

마누라가 그렇게 잔소리를 퍼붓자 하룡이 버럭! 승질을 내며 씨부렸다.

하룡: 이녁이 시방 뭔소리다요~? 나~가 보기엔 한 대가 아니랑께! 100 대? 아니, 시방 고속도로 전체 차들이 뭔 일인지 모르겠네 잉~! 전부 나랑 반대 방향으루 역주행하며 달리고 있당께!~

애월: 허거걱!

술의 십진법

마시기 전~ 김 사장님!

한 병 마신 후~ 김 선생!

두 병 마신 후~ 김 선배!

세 병 마신 후~ 김 형!

네 병 마신 후~ 여보게!

다섯 병 마신후~ 어이! 이봐!~

여섯 병 마신 후~ 야! 임마!

일곱 병 마신 후~ 개쉑이! 니가~ 웃대가리면 다냐? 한번 뒈져 볼래?

여덟 병 마신 후~ 119 구급차에 실려 곧 바로 병원에 입원.

아홉 병 마신 후~ 119 구급차 도착하기 전 사망.

반월성 전투

경부고속도로 하행선 중 경상북도 영천과 건천 사이의 좌편에 있는 옥근곡玉根谷을 일컬어 반월성이라고 하는 바 그 옛날 백제의 장수들이 어찌된 영문인지 그 곳을 침공만 했다 하면 힘 한번 못쓰고 맥없이 죽어 가는 것이었다. 그 사연에 대해서 언젠가부터 다음 같이 전해지는 이야기가 있어 자못 흥미롭다.

'무골장군無骨將軍(뼈없는 장군)이 수만의 모졸毛卒(털 군사)을 거느리고 반월성半月城(둥근 보름달을 반으로 쪽 자른 듯하다 해서)을 침공하여 일진일퇴一進一退(전진 후퇴를 거듭하다)의 치열한 백병전白兵戰에 육박전肉薄戰(적과 직접 몸으로 맞붙어 싸우는 전투)을 거듭하다가 장열壯烈히 백혈토사白血吐死(하얀 피를 토하고 장렬히 죽음) 하니라.'

경실이의 데이트

경실이가 미선에게 첫 데이트 소감을 이야기했다.

"미선아~! 어제 우리는 왕족처럼 식사를 했단다. 그이가 황제라는 분식점에 데리고 가더니 다음은 왕자다방에서 카프치노 커피를 사주지 뭐니. 그런데 점심 국수값보다 커피값이 더 비싼 거 있지! 참,나,원 기가 막혀… 그리고 우린 무작정 공주로 드라이브를 떠났지.

공주에 도착해서는 시간도 보낼 겸 황실극장에 들어가 '내 시와 무수리 밤새 몸으로 울었다' 를 보고 나왔는데 밖은 이미 캄캄한 밤인 거야. 나는 너무 늦어 집에 빨리 가야겠다고 서둘렀지. 그랬더니 매너 좋은 그이는 밤이 깊어 혼자 보낼 수 없다며 나를 아방궁 여인숙으로 안내하는 거야~.

내가 얼마나 당황했겠니? 절대 그럴 수 없다면서 처음에 나는 전봇대를 붙들고 안돼! 안돼! 돼돼!!! 하며 완강히 거절을 했지만 그 이의 억센 힘을 연약한 내가 무슨 수로 버틸 수 있겠어? 그래서 할 수 없이 방에 줄 긋고 그냥 손만 잡고 잔다는 찰떡같은 약속을 하고따라 들어 갔지. 근데 난감하고 황당한 일이 생긴 거야!

여인숙 주인이 반기며 오늘 밤 첫 커플 손님에게 주는 서비

스라며 임금님표 콘돔 세 개를 선물하잖아. 그이는 입이 귀에 걸려 좋아했지만 손만 잡고 자기로 한 나는 얼마나 황당했겠니? 우리는 하는 수 없이 다시 7.4 남녀 공동 약속을 하기로 했어~ 콘돔이 아까우니 서로 에너지 낭비하지 말고 딱~! 하나만 사용하기로 한 거지.

하지만 남북적십자 회담이 늘 그래 왔드시 언제 그 약속이 지켜진 적 있었니? 그리고 나는 그 곳이 씨름선수 훈련하는 곳인 줄 몰랐거든!!!

근데 미선아! 요즘은 씨름선수도 빠때루 연습시키니?! 밤새도록 그 연습만 하느라구 무릎이 다 벗겨졌단다. 오메? 이야기 다 안 끝났는데 시간이 모자라 뿌리네. 진짜로 재미있는 이야기는 지금부터인데…… 쩝! 뒷이야기는 다음에 해줄께.

제주도 방언

왕발이 생봉알 삿소까? 생봉알 헐러꿍 헐러꿍 보재가 벌렁 벌렁 하소다. (아주머니 벌꿀 사렵니까? 벌꿀 먹으면 가슴이 편안합니다.)

바싹 보지그리원. (무척 보고 싶었어.)

강 누멍 자젱. (가서 누워서 자자.)

멘드롱 듯듯할 때 호르륵 드릅사서.

(따뜻할 때 호르륵 마십시오.)

폭삭 소갓수다. (수고 많았습니다.)

나 이녁 사맛 사랑험수다. (제가 당신을 많이 사랑합니다.)

어매 조칸거. (아이고 아깝다.)

재기재기 나작 끝에 왕. (빨리빨리 내 곁에 와 앉아.)

숫자 유머 (거시기 전라도 버전)

1초라도 눈 앞에 알짱대지 않으몬,

2렇게 가심팍이 초조허고 허벌나게 껄쩍지근혀분디,

3초는 워치케 참는당가~잉! 흐미 참말로 못 견뎌 불건네!

4랑해부러~ 느를 거시기 나게 사랑해부러요~~~.

5늘은 기필코 목꾸녕에 칼이 들어와도 말할 것이구먼!

6십억 지구에서 좁쌀알갱이 같은 느를 만나부린 건,

7럭키 세븐이지라~잉!! 그랑께 쓰잘데기 없이 한눈 팔덜 말고 이녁은 나만 바라 보드라고~!!

8딱 팔딱 미쳐불게 싸가지 없이 뛰는 이 가심팍,

9해달랑께요~ 오메! 환장하것네, 불타는 이 가심.

10년이 가불고 백년 천년이 가번져도 나가 이녁만을 거~시기 나게 사랑해부러요~!

러브호텔 보일러 엔지니어

시골 깡촌에서만 살던 집안의 외동딸이 대도시 공장에 다니던 중 신랑감을 사귀어 고향의 부모님께 인사를 드리러 왔는데….

평생을 농사만 짓고 살아온 무식한 아버지의 탓일까? 아니면 못 말리게 유식한 어머니의 탓이었을까? 웃지 못할 사건은 상면하는 첫 날에 터져 부렀다.

딸래미 : 아버님! 제가 전에 말씀 드렸던 청년이에요.

미래 장인 : 그래! 자네 직업은 무엇인고?

미래 사위 : 예! 러브호텔 보일러 엔지니어입니다.

미래 장인 : 러브호텔 보일러 엔지니어? 그런 꼬부랭이 말 말고 쉬운 우리말은 없능가?

딸래미 : 에이 아버지두…….

미래장인 : 그래, 그럼 그 러브호텔에서는 매일같이 뭘 맹글고, 자네가 하는 일은 뭣인고?

미래 사위 : 네! 전 그 호텔의 보일러 엔지니어이고, 쉬운 우리 말로는 그 여관의 군불 때는 기술자입니다.

미래장인 : 음…!! 군불 때는 엔지니어라..?! 거긴 주로 뭐를 하는 곳인고?

그때 옆에서 듣고 있던 승질 급한 마누라가 톡!! 튀어 나오며 씨부렸다.

"흐미! 아이고!! 답답혀!!! 젠장헐, 당신은 그 나이 먹도록 그것도 모르능교? 거기가 바로 일 본 놈 나가고 좆 선 놈 들어가 거시기 하는 곳 아님교. 그리고 저 사람은 그곳 방에 군불 때는 사람이라 카고… 잘 생각해 보이소! 당신이 나랑 처음 만난 그 날 죽기로 싫다는 내를 강제로 데리고 들어간 곳이 바로 거기 아닝교? 그리고 그 바람에 저 얼라가생기고……."

미래 사위 : 멍~~!!!!!

딸래미는 얼굴이 원숭이 궁뎅이처럼 벌개져서 쥐구멍이라도 들어가고 싶은 심정으로 쩔쩔 매고 있는데...

미래 장인 : (그제사 고개를 끄덕이며) 음..!!! 진즉 그카믄 알아듣제!!~~~

맨홀에 빠진 검초

어느 날 술이 잔뜩 취한 검초가 길을 가다 발을 잘못 디뎌서 공사장의 맨홀 속에 빠졌다.

그 곳은 주위가 매우 시끄럽고 소음이 심한 지역이었다.

검초는 악을 쓰며 살려 달라!고 소리를 쳤다.

그때 마침 근처를 지나가던 하룡이 검초를 발견했으나 주위가 너무 시끄러워 도대체 무슨 소린지 들리질 않았다.

"사람 살려요!! 살려주세여!"

"뭐~라구~요?" 잘 안들려요!"

"검초 좀 살려달라구여."

"뭐~라구~요? 더 좀 크게 말해 봐요!"

"기냥 가버려! 쉑야!"

"아, 그래~ 알았어~!"

형래의 두뇌 플레이

오늘도 더위에 지친 영남이가 奴可多 일을 끝내고 주막집 앞을 지나 오는데 술취한 형래가 다가와서는 게슴츠레 풀어진 눈으로 술이 고픈데 대포 한잔 사달라며 치근덕댔다.

매일같이 술 사달라는 것에 짜증이 난 영남이, 오늘은 더 이상 참을 수 없다며 형래를 으슥한 골목으로 끌고가 이단옆차기 상단가격에 안다리 후리기, 그리고 소림사 18나한 회도리 몸통 가격으로 완존 그로키가 되도록 뒈지게 패주었다.

그런 다음 날 점심 때 어제 일이 좀 미안한 생각에 영남이 사과도 할 겸 점심을 사 주려고 형래를 중화요릿집으로 데려갔다.

근데 평소 별명이 소금밭으로 유명한 영남이 메뉴판을 보더니 형래에게 단 두 글자로 된 것만 시키게 했다.

짜장~ 짬뽕~ 같은 것만…….

한참 메뉴판을 들고 고민하던 형래 왈~,

"난! 탕슉~!"

고해성사

홍구기가 성당의 신부님께 고해성사를 하고 있었다.

"신부님! 옆 집 부인과 큰일 날 뻔했습니다."

신부님 : 그래 간음을 하셨나요?

"아니요, 그냥 문지르기만 했습니다."

신부님 : 문지르는거나 넣고 하는 거나 다를 게 없습니다. 마음을 어떻게 가졌느냐가 중요합니다. 속죄의 의미로 성모송 3번 외우고 헌금함에 2만 원을 넣으십시오.

고해성사를 마친 홍구기는 성모송을 3번 외운 후 헌금함에 다가가서는 그냥 손만 문지르는 것이었다. 신부님이 물었다.

"왜! 헌금을 하지 않고 손만 문지르지요?"

홍구기 : 신부님 말씀이 문지르는 거랑 넣는 거랑 같다기에…….

과부들의 소원

6.25 전쟁과 월남전에서 각각 남편을 잃은 시어머니와 며느리가 한 집안에서 살고 있었다.

그런 어느 날, 갑작스런 소나기로 빗줄기를 타고 마당에 미꾸라지 한 마리가 떨어져 퍼덕였다.

신기한듯 보고 있던 며느리가 하는 말.

"제기랄! 쓸데없이 미꾸라지는 뭐땀시 떨어진당가~잉! 기왕이문 JOG이나 하나 뚝! 떨어졌으문 참말로 좋와불텐디……."

그 말을 들은 시어머니 왈,

"아이쿠! 이년아! 늙은 말이 콩 마다하는 것 봤냐? 이 의리없는 년아! 하나라니? 기왕 떨어지는 거 두 개 떨어지라고 하면 워디가 덧나냐?"

승방의 털

전라도 어느 산골 절에서 무서대수륙제無遮大水陸齋(불가에서 수륙의 잡귀에게 공양하는 법회)를 지내게 되었는데 수천 명의 남녀노소 스님들과 신도들이 모여들었다.

재齋가 파한 후에 나이 어린 사미승이 도량道場을 청소하다가 젊은 여자들이 모여 놀던 곳에서 여자의 음모 한 오라기를 발견하였다.

그래서 그 꼬불꼬불한 그것을 주워 들고는 오늘 참 기이한 물건을 얻게 되었구나! 하며 입이 귀에 걸리게 싱글벙글했다.

여러 스님이 그것을 보고 서로 뺏으려고 난리법석을 떨었으나 사미승은 죽기살기로 꼭 붙들고, 묵사발이 되고 팔이 떨어져 나가는 한이 있어도 이것만은 결코 뺏길 수가 없다는 각오로 버텼다.

그 광경을 본 여러 스님들이 모여들어 말했다.

"이와같이 귀한 물건은 한 개인이 소장해서는 안된다. 그러므로 긴급비상 대책회의를 열어야 한다."

하여 큰스님이 종을 쳐서 목탁하우스(절)에 있는 스님들을 모두 모이게 했다.

가사장삼을 갖춰 입은 고승들까지 승방에 삥 둘러 앉았다.

주지 스님이 나서며 말했다.

"이 물건이 도량 가운데 떨어져 있었소. 그러니 이 물건은 의당 절에 속한 물건이 아니겠소? 비록 줍기는 어린 사미승이 주웠지만 이것은 결코 혼자만 소장해서는 안되는 물건이라고 생각하오. 여러분의 의견을 개진해 주시기 바라오!"

그러면서 젊은 여자의 것으로 보이는 윤기가 잘잘~ 흐르는 까만 털 한 개를 아주 소중히 유리 발우에 담아 내놓았다.

그러자 조실 스님이 말했다.

"이것이 삼보를 감추고 있으니 길이 후세에 전 할 물건이오. 그러니 감히 우리만 감상할 수가 없지 않겠소?"

그러자 총무 스님이 나서며 말했다.

"그렇다면 그것을 여러 토막으로 짧게 잘라서 조금씩 나누어 가지는 것이 어떻겠습니까?"

그러나 두어 치밖에 안되는 한가닥 털을 천여 명이나 되는 스님들이 어떻게 골고루 나누어 가질 수가 있겠느냐며 이론이 분분했다. 이때 맨 끝자리에 있던 99세의 검초 노스님이 벌떡 일어나 좌중을 둘러보며 말했다.

"소승의 좁은 의견으로는 그 털을 밥 짓는 큰 가마솥에 넣고 맷돌로 지그시 누른 다음 아침 이슬을 받아 가득 채우고 은근한 장작불로 삼박사일 푹~ 고아 그 물을 한잔씩 나누어

마시는 것이 제일 좋을 것 같소이다. 그래야 나와 같은 떠돌이 걸승에게도 한 고뿌 돌아오는 영광을 가질 수 있지 않겠소이까?"

그러자 옆에서 듣고 있던 소중 대사가 받았다.

"햐~ 거 참! 좋은 말씀이지라~잉! 어찌콤시로 진작 그 생각을 못했을까나?"

그러자 많은 스님들이 박수를 치며 대찬성을 했다.

마침! 그 절에는 백 세의 전 주지승 하룡이 있었는데 추위를 몹시 싫어해서 옆방에 들어 앉아 토론의 내용을 듣고 있었다.

하룡은 검초의 말을 듣고는 대단히 흡족한 듯 슬그money 얼굴을 내밀면서 검초 노스님에게 감사를 표시하며 말했다.

"우와~! 고랑께 참말로 겁나게 좋은 생각이시오~잉!

이 누사에 오신 검초 노스님께서 우짜면 고렇게도 공명정대혀불게 굿 아이디어를 내시어 요로콤시롱 일도쾌절로 잘 처리혀부렀소~잉! 만약시 고노메 털을 직살맞게 쪼게부러 즈그들끼리 챙겨 부렀다면 나 같은 골방늙은이는 jo또 언감생심 처녀 朋R만치도 차지가 돌아오지 못했을 것이고마~! 오늘 다행히도 검초 노스님 덕분에 이 진시황제가 조석으로 마셔부렸다는 육모탕肉毛湯 한잔 얻어 먹을 수 있는 영광을 누리게 되었응께 이 노승 오늘 저녁에 사각목의四角木衣(관)를 뒤집어 쓰고, 수원 연화장을 가부러도 여한이 없을 것이구만여라~잉!

부디 검초 노스님께서는 대승도를 깨쳐 성불性佛 하소서! 나무아미 따불!"

주식酒食

한국의 양심적인 정치 지도자 한 사람이 죽어 하늘 나라에 올라가 염라대왕과 독대한 자리에서 평소 자신의 생각을 말했다.

"염라대왕님! 우리나라가 일본보다 발전하지 못한 첫째 이유는 제대로 된 과학자나 사업가가 없었기 때문입니다.

그러니 다국적 과학자와 사업가 일곱 명만 보내주십시오."

염라대왕은 속으로 '쉑기! 야당하다 죽었나? 디럽게 말 많네.' 하면서,

"오냐! 알겄다 주딩 꾹 다물고 스텐바이하고 있그라~ 잉!"

그리고 비서 룡이에게 일러 貴里夫人(퀴리부인) 哀斗順(에디슨) 我引水他人(아인슈타인) 曷里來二(갈릴레이) 紐沌(뉴턴) 黃牛食(황우식) 車他來夫人(차타레부인) 이렇게 일곱명을 한국에 급파해주었다. 그리고 몇 년이 흐른 뒤….

염라대왕은 자기가 보낸 인재들이 얼마나 유용하게 활용되고 있는지 궁금하여 비서 룡이를 보내 알아 보게 했는데 퀴리부인은 S젖문대를 전체 수석으로 졸업하고 쓰리스타 그룹에 가오 마담으로 들어가려 했으나 얼굴이 딸려서 취직도 못하고 현재 가리봉동 월세 쪽방에서 라듐 연구에만 몰두하고 있

고, 에디슨은 태양光을 이용해 我友土半(아우토반)을 시속 250 킬로미터로 달릴 수 있는 3000cc급 드림 경운기를 발명해서 특허 신청을 했으나 모든 제도가 학벌 위주인 한국에서 초딩 중퇴자는 아예 신청 자격조차도 없다며 그 아까운 드림 경운기가 창고에서 폐차 직전에 있고, 아인슈타인은 엄청난 수학 천재이지만 한글은 가字 뒷다리도 모른다는 이유로 대학은커녕 하루 세 끼 목꾸녕 풀칠도 어려워 새벽 인력시장에서 2판 4판 04판 奴可多(노가다)로 錢錢(전전)하며 살아가고 있었고.

내가 잠든 이 시간에도 국방부 시계는 어김없이 돌아간다며 곧 죽어도 지구는 돈당께~롱! 하면서 선배 학자들 앞에서 깐죽대던 갈릴레이는 괘씸죄가 성립되어 연구비가 끊기는 바람에 氷氷(어름어름) 세월만 보내며 있었고, 萬有인력을 최초로 발견했다는 뉴턴은 기를 쓰고 대학원까지 갔건만 졸업논문을 쓰는 과정에서 가짜논문이란 사실이 밝혀져 (인류는 이미 수세기 전 BC384년에 我里水土脫來水(아리스토텔레스)가 자기집 푸세식 화장실에 앉아 응가 볼 때 첨벙~!첨벙~! 밑으로 떨어지는 덩이를 보고 인류 최초로 만유인력을 발견했음을 확증하는 극비서류가 규장각 서류함에서 발견됨) 학위가 취소되는 바람에 봉하로 낙향하여 무농약 유기농 개구리 농법으로 기능성 야콘米 (학명.夜困米.효능.밤이 무섭고 기계가 헐어서 시동이 안걸리거나 걸렸다가도 프륵~ 프르륵~ 하다가 곧 꺼지는 50대 남성이라면 야콘미를 쐬주 반병에 믹스해서 새벽 공복에 원샷! 하면 1회 복용 효과가 3박4일로 非兒口羅를 능가함. 주의! 부작용 복용 후 지독한 까스 분출시 참다못한 마누라가 코를 막고 도망을 치면 용용한 효과가 무용지물이 될 수도 있음)를 재배하며 소일을 하는데, 요즘 고 스톱은 고자도 모른다던 시골 兄님이 고 스톱판에 뛰어들어 연일 4Go(사고)를 치는대도 자기는 전혀 모른는 일이라 발뺌하면서 형님은 휴양차 독방 유학까지 보내놓고 저는 萬事兄通을 가훈 삼아 하루 108번씩 읽는다고 한다.

그리고 黃牛食박사는 불법 음란CD를 복제해서 시중에 유통시킨 죄로 검찰에 적발되자 刀未奴(도미노) 현상으로 줄기세포까지 핵 분열을 일으키는 바람에 전국 토종닭원로회와 우리 맛닭총연합회에서 반대해온 계란노른자 도덕성 여부 논란까지 휘말려 전국 4천5백만 부부토종닭과 전국 우리맛닭총연합회가 연계하여 어린 계란을 가득 실은 유모차를 앞세워 벌이는 계란노른자 불법사용을 반대하는 횃불집회에 최근에 꽂게 닭살까지 가세하여 건잡을 수 없는 상황으로 치닫자 연구 생명에 치명상을 입은 황우식 박사는 어디론가 잠적해

버렸고, 이 와중에서 그나마 차타레 부인은 숙맥여대 불륜과를 그 어렵다는 여성상위 물구나무서기 체위 사범자격증까지 취득하여 우수한 성적으로 졸업하고 6년간 받은 장학금 전액을 펀드형 酒食(퍼마셔 주식)에 몰빵 한 것이 대박나는 바람에 청송을 비롯한 전국의 명소에 러브 호텔을 건설하고 차타레 색스샵 체인점을 오픈하자 불황을 모르는 이 사업은 빈방이 없을 정도로 번창을 해, 전국의 호텔을 차타레 섹스장으로 통일 시킬 날도 멀지 않았다며 차타레 자신이 낯설은 이 땅에 와서 어느덧 이 나라 섹스 문화 창달에 한 몫 크게 하고 있음을 가슴 뿌듯해 했다. 그러면서 또 하나의 기획 사업으로 차타레 타운에 콘돔미니엄과 맨손브라쟈를 건설한다면서 수입금 전액은 평생 남자들을 위해 옷 벗고 헌신적 삶을 살다간 그녀들의 넋을 기리기 위해 남창道 창녀郡 사창洞 갈보面 어떠뫼 18번지 포주타운에 건설 중인 매음의 전당 건립비로 기부할 거라고 차탈레 부인의 동생 차탈려가 말했다.

X도에 얽힌 전설따라 삼천리

울릉도와 독도 사이에 좆도라는 자그마하고 환상적인 섬이 하나 있는데 그 섬이 발견된 지는 수년 전의 일로 먼 옛날에는 신선과 수 많은 룡들이 애草. 당草. 검草. 신선草같은 불로草만 먹고 살았다고 전한다. 훗날 그들이 자손들이 연예계에 진출하여 성공했는데 그 면면들을 살펴보면 신선삼과 배삼룡, 이소룡, 성룡, 하룡 등등... 이런 스타급들만 살았다고 하는 아주 환타스틱한 섬이기도 하다. 지금은 국가예산으로 국제적인 관광지로 개발하기 위해 2천 명이 동시에 들어갈 수 있는 메머드급 콘돔미니엄과 예술의 전당으로 오페라 브라쟈 하우스를 건설하고 있으며 주변 섬들과는 지정학적으로 매우 중요한 지역이 되었다. 그래서 오늘은 그 섬에 얽힌 갖가지 홍미로운 전설들을 하나하나 리얼하게 낱낱이 파헤쳐 보기로 한다.

좆도에는 연대 미상의 아득히 먼 옛날부터 전해오는 암자가 하나 있는데 그 암자의 이름을 자궁암이라 했다.

이 암자의 초대 주지스님은 월경 스님이시고, 지금은 本寺로 전근가셔서 한 달에 한 번 정도 오는데 그때는 미국에서 교환 스님으로 와있는 마릴린멘스 보살을 대동한다고 한다.

지금 재임 중인 스님은 알공 스님이신데 이름이 좀 이상하지만 사찰에서는 꽤 알아주는 고승이라고 한다.

이 자궁암에는 수천 평의 전답과 임야를 관리 보유하고 있으며 특히 논에서 생산되는 쌀을 소중히 여기고 흉년일 때 생산되는 쌀 이름은 니기미이고, 풍년일 때 생산되는 쌀 이름은 지기미라고 한다.

얼마 전 미국의 라이스 국무장관도 먹어보곤 오~우 원더풀!을 연발했다고 한다. 그리고 여기서 생산되는 니기미 지기미를 농부가 운반할 때 사용하는 지게 이름을 여자용은 똥빠지게, 남자용은 좆빠지게 라고하는데, 육지와는 그 명칭이 사뭇 다름을 알 수 있다.

그리고 좆도에는 東西를 관통하는 국도에 국보로 지정된 돌다리가 하나 있다. 그 다리 이름을 할랑교말랑교라 하고, 이 다리 밑을 흐르는 강이름은 꽉끼내이고, 옛날부터 두덕 사이를 흐르는 강물의 빛깔은 염분기가 강한 연황색의 온천수였는데 6.25전쟁 때 북한괴뢰군과의 치열한 전투로 尸山血海(시산혈해)를 이뤘던 곳이라 그때 억울하게 죽어간 영혼이 되살아나 지금까지도 한 달에 한 번씩 새빨간 강물이 흘러 넘친다고 한다.

또 그 좆도에만 사는 진귀한 물고기로 유네스코에서 세계

보호어종으로 지정한 희귀어들이 서식하고 있으며, 그 고기 이름은 물魚, 박魚, 빨魚, 핥魚, 足까고있魚로 이상 5종의 물고기는 09학년 대학 수능시험에 출제되기도 했다고 한다. 이 할랑교말랑교를 지나 동북쪽으로 3km쯤 가면 이곳에도 유명한 절이 하나 있다. 그 절 이름은 음경사라고 하며 주지스님은 포경 스님이라고 한다.

서남쪽의 자궁암과 음경사는 신묘한 대조를 이루고 있으며 속세에서 아이를 못나 안달하는 여인들이 이곳에 와서 자궁암과 음경사 內에 있는 두덕바위와 좆대바위를 月下에 108번을 정성스레 쓰다듬고 부부가 합방을 하면 그달로 月客이 끊기고 태기가 있어 옥동자를 낳는다는 전설이 전해진다.

그런데 한가지 불미스런 일은 자궁암의 비구니승과 음경사의 비구승들이 섬 어디에서 만나든 자기네 두덕바위와 좆대바위의 자랑을 늘어놓기 일쑤고, 서로 말씨름을 하다 심한 경우는 집단 패싸움으로 번질 때도 허다번했다고 한다. 그리고 얼마 전부터 음경사 좆대바위에는 이름을 알 수 없는 한 쌍의 새가 날아와 둥지를 틀었는데 새박사 윤모부 교수가 새 이름을 조까치라 지어준 후 그때부터 이상하게도 포경 스님만 보면 조까라~죠까!♬ 조까라~죠까!!!♬♪ 하고 운다니 우연치고는 정말 너무나도 이상한 우연이다. 그런 일이 계속되던 어느

날, 알공 스님과 포경 스님이 우연하게도 할랑교말랑교 다리 위에서 마주치게 되었는데 서로 안부인사가 끝나자마자 또 자기네 두덕바위와 좆대바위를 들먹이며 자랑을 늘어놓다가 해지는 줄 몰랐다.

기록에 의하면 오전 11시에 만나서 오후 5시까지 서로 자기네 바위가 좋다고 말씨름하다가 우리 이렇게 싸우지만 말고 100m달리기를 하여 이기는 쪽 바위가 더 좋은 것으로 하자고 합의하여 두 스님은 할랑교말랑교 다리에서 100m 달리기 시합을 하였다.

그런데 달리기에서조차 우열을 가릴 수 없어 비디오 판독까지 했지만 가슴쪽(?)을 보면 알공 스님이 이겼고, 아랫쪽(?)을 보면 포경 스님이 이긴 걸로 나왔다. 하여 이 사건은 지금까지도 판결이 나지 않았다고 한다.

하지만 그 사건이 있은 후 이상한 일이 생겼다. 달리기 시합이 끝남과 동시에 알공 스님은 남자가 됐고, 포경 스님은 여자가 되어버렸다고 한다. 그 이유인즉, 알공 스님은 좆나게 뛰었고 포경 스님은 좆빠지게 뛰어서라고 한다.

시합이 끝난 뒤 서로의 性이 바뀌어 주지스님이 되었으니 이제는 같이 만나도 좋고 나쁘다 시비는 없어졌다고 한다.

그리고 또 하나 다른 사실은 자궁암의 원래 주소는 경상북도 울릉군 좆도 18번지였지만 현지 주민이신 눈보 이장님의 말에 의하면 그 옛날에는 斗德道 禮富郡 揷入面 出水里 18番地였다고 한다, 검초 영감이 확실한 고증을 했는데 참으로 요상한 지명이 아닐 수 없다. 올 연말쯤에는 음경사에도 人事이동이 있을 것이고, 3代 주지스님으로는 폐경 스님이 내정되었다고 한다.

갑자기 폐경 스님이 내정된 이유는 음경사의 전직 스님들이 너무 바람기가 심했기 때문이며 4代 주지로는 高自 스님이 이미 내정돼 있다고 한다. 이 곳 음경사가 워낙 교통편이 좋지않고 폐경 스님이 고령인지라 이번 부임하는 날에는 말 두 마리와 수행 보좌스님이 한 분 같이 내려오기로 했다는데 폐경 스님이 탈 말 이름은 소리하지馬이고, 수행 보좌스님인 四他九尼라는 법명을 가진 미모의 여스님이 타고 올 말 이름은 앙알대지馬라고 한다.

요즘 좆도의 아름다운 풍광이 세상에 R려지자 관광철은 물론 B.씨즌에도 많은 사람들이 몰려오고 심지어는 中東의 R.Ja gi la 방송까지 취재를 오는 바람에 치안질서 유지가 힘들어 자궁암과 음경사의 경비는 생리대와 정조대가 맡고, 외곽경비는 인력부족으로 미국의 코텍스 위스퍼 경비대에 용역을 주기로 했다고 한다. 그리고 또 일본의 尸毋奴色己 섬과는 홋

날 영토분쟁을 막기 위해 이 섬의 맨 끝에다 '여기서부터는 좆도 아님' (이때부터 형편없다거나 상대를 깡그리 무시해 버릴 때 쓰는 말로 좆도 아녀라는 유행어가 생겨났다고 한다)이란 팻말을 군데군데 박아 놨다고 한다.

지금까지의 내용은 민속유머사 학자 하룡이 좆도섬에 들어가 1년 여에 걸쳐 허벌나고 (?)빼이치게 헤매고 돌아다니며 확인하고 취재한 유머이데올로기적 사실임을 밝혀둔다.

이번 취재의 고증에 애써주시고 특히 취재 용어 중 '足꼴린다고하지馬' 를 현지에서 렌트해 주신 조또경로당의 검초 영감님과 눈보 이장님에게 깊은 감사의 말씀을 드린다.

세상 오래 살다 보니

커다란 코끼리가 낮잠을 자고 있었다.

개미 한 마리가 등산을 한다며 배낭을 메고 코끼리 배 위로 올라갔다.

깜짝 놀라 잠이 깬 코끼리가 소리쳤다.

"野 妊馬! 無怯多! 빨리 내려와!"

"그러자 개미가 앞 발을 번쩍 치켜 들면서 소리를 쳤다.

"좋 해! 이 色己야! 콱! 밟아 죽이기 전에……."

그 광경을 지켜 보던 하루살이가 중얼거렸다.

"세상을 오래 살다 보니 나원 참 별꼴 다 보겠네……."